NUEVO MANUAL PARA LA DIRECCIÓN Y MOTIVACIÓN DE EQUIPOS

Miguel Ángel Aguirre Sánchez

Índice

PRÓLOGO

El presente manual, pretende servir como ayuda y referencia a profesores, estudiantes y sobre todo, a mandos intermedios y directivos.

En las páginas que siguen a continuación, el lector encontrará diferentes capítulos en los que se abordarán los temas más importantes relacionados con la gestión de personas y su motivación, desde un punto de vista eminentemente pragmático y adaptado a nuestra realidad.

Este libro puede ser leído y/o estudiado de diferentes formas; de manera lineal, capítulo por capítulo o como libro de consulta. Si desea aplicar los conocimientos adquiridos, le recomiendo una lectura lineal. Si es un mando intermedio o directivo, sobre todo le recomiendo que aplique lo aprendido en cada uno de los diferentes capítulos de manera progresiva y adaptando las técnicas, métodos y sugerencias a su propio estilo de mando. Por lo tanto, no espero que lea el libro como si de una novela se tratara y, a continuación, decida aplicar lo aprendido. Poco a poco es mejor que nada.

En cada uno de los capítulos se abordarán las teorías más conocidas con la finalidad de que el lector disponga de una base de conocimiento que posteriormente pueda aplicar en su puesto de trabajo.

Las empresas evolucionan rápido. Pero más rápido lo hacen las personas que gestionan a esas empresas. En estos momentos, es muy fácil quedarnos en la retaguardia por carecer de los conocimientos necesarios en alguna de las áreas estratégicas. La competencia y la competitividad están a la orden del día. Si no mejoramos nuestras cualificaciones, otros lo harán por nosotros y nos arrebatarán el puesto.

Si usted no invierte en formación es como si su empresa no invierte en I+D+I; otros lo harán.

Ahora, China es la que suministra mano de obra barata ¿Pero, no seremos nosotros, en el futuro, esa mano de obra barata? Depende en gran medida, de la capacidad que tengamos para innovar y reinventarnos continuamente.

Sobre el autor.

Miguel Ángel Aguirre Sánchez. Graduado en psicología. Máster en psicología general sanitaria. Posgrado en neuropsicología. Acreditación de experto en Psicología del Trabajo por el COPC y Europsy.

DIRIGIR A PERSONAS

La dirección de personas surge como una necesidad de organización que tiene su origen inicialmente en el terreno militar debido a la problemática que suponía la organización de grupos numerosos y complejos. La organización del ejército en contraposición a las hordas, carentes, en principio, de organización y disciplina.

Durante siglos, los ejércitos han buscado sistemas de organización que les permitieran lograr sus objetivos.

Incluso los conceptos como estrategia y táctica que tanto utilizamos en el ámbito empresarial proceden del lenguaje militar. Estrategia que procede del griego y significa conductor o guía del ejército.

Como dicen, la estrategia es la batalla sobre el papel, a diferencia de la táctica más centrada en el campo real de batalla.

Una buena estrategia se compone de:

- La selección del mercado
- La definición de los objetivos
- La definición de los medios que emplearemos para lograr los objetivos.

En un contexto militar, verá rápidamente la aplicación de los 3 puntos anteriores, de la misma manera que ahora los aplicamos a la empresa.

Si deseo conquistar un mercado, en primer lugar deberé seleccionarlo e identificarlo claramente. A continuación definiré los objetivos que pretendo alcanzar y finalmente asignaré los medios humanos y técnicos para lograrlo.

Pero para lograr los objetivos, los grupos humanos debían de estar organizados.

Estas necesidades de organización obligaban a los diferentes ejércitos a establecer métodos de organización y cadenas de mando bien definidas como ventaja "competitiva" frente a otros ejércitos.

Por ejemplo, el ejército romano contaba con la Legión, formada por 4200 soldados de infantería distribuidos en 60 centurias (de 30 a 60 personas cada una), que cuando se agrupaban de dos formaban un manipulo. En la actualidad hablaríamos de regimientos de 2000 a 3000 personas compuestos por 3 o 4 batallones. En definitiva, sistemas diferentes de organización de personas.

El general romano Mario estableció algunos cambios (133 A.C.) como la formación de un ejército profesional en el que los soldados cobraban un sueldo, adopción de enseñas y numeraciones para dotar a las legiones de una identidad y sentido de pertenencia, etc..

El ejército romano solía operar de manera automática en cuanto al orden de batalla y al tipo de formaciones utilizadas. Precisamente, Aníbal, un genio desde el punto de vista táctico pudo derrotar en más de una ocasión al ejército romano gracias a que este carecía de un auténtico generalato. *"Los generales eran considerados poco menos que como jefes de instrucción. Cualquiera era considerado bueno para ejercer las funciones de general, porque se suponía a todo ciudadano enterado perfectamente de las cuestiones relativas a las instrucción militar"* (J.F.C. Fuller. Batallas decisivas I).

Los mandos militares no se elegían por sus capacidades o experiencia sino por determinados intereses y afinidades políticas.

Cada ejército estableció sus propias reglas de mando y estrategia militar considerando que su método era el mejor. Pero a lo largo de la historia los diferentes ejércitos fueron mejorando los sistemas de organización, sus tácticas y estrategias para derrotar a sus enemigos y evitar cometer los mismos errores. Así, el concepto de falange espartano pudo ser derrotado por la caballería ateniense.
Pero en la mayoría de culturas los puestos de responsabilidad y mando estaban ocupados por personas importantes y/o de buenas familias. Como ha sucedido en el terreno empresarial hasta hace relativamente poco tiempo, los puestos de responsabilidad estaban asociados a vínculos familiares y de posición más que por razones de competencia.

Quizás el más antiguo tratado militar chino, "El arte de la guerra", se debe al famoso general Sun Tzu (aprox. 400 A.C.) en el que abunda sobre la organización, disciplina, comunicación y logística del ejército. Ya entonces, definía algunas reglas del juego que hoy aún nos parecen novedosas.

Sobre la disciplina indicaba que debía de ser comprendida como la organización del ejército, la determinación de graduaciones y rangos entre los mandos, la regulación de las rutas de suministros, y la provisión de material militar al ejército.

"Cuando las órdenes se dan de manera clara, sencilla y consecuente a las tropas, éstas las aceptan. Cuando las órdenes son confusas, contradictorias y cambiantes las tropas no las aceptan o no las entienden.
Cuando las órdenes son razonables, justas, sencillas, claras y consecuentes, existe una satisfacción recíproca entre el líder y el grupo." (Sun Tzu. El arte de la guerra).

La historia también está repleta de grandes líderes militares como Alejandro o Napoleón que demostraron cómo se podían organizar grandes ejércitos y conquistar imperios inalcanzables para otros mediante la correcta gestión de los recursos humanos.

Eran líderes que como empresarios modernos podían ser capaces de implementar el cambio y conseguir resultados espectaculares.

La capacidad para movilizar enormes estructuras de personal, recursos y logística requería de grandes conocimientos en diversas disciplinas, no solo en el terreno militar.

En muchos casos se trataba de la dirección de grandes empresas "multinacionales" en cuanto al número de personas empleadas pero sin los recursos técnicos y tecnológicos actuales, por lo que era mucho más complicado. La diferencia entre la elección correcta de una estrategia podía significar la muerte.

Como líderes, todos ellos han intentado "imitar" a sus predecesores, mejorando de alguna manera la técnica, la táctica, la estrategia, el método y la organización empleada.

La organización contempla los siguientes aspectos:

- **División clara del trabajo:** Es el principio de la especialización necesario para la eficiencia en la utilización de las personas. Consiste en la designación de tareas específicas a cada una de las partes de la organización.
- **Autoridad y Responsabilidad:** La autoridad es el poder derivado de la posición ocupada por las personas y debe ser combinada con la inteligencia y experiencia.
- **Unidad de Mando:** Una persona debe recibir órdenes de sólo un único superior. Es el principio de la autoridad única.
- **Unidad de Dirección:** Principio según el cual cada grupo de actividades que tienen un mismo objetivo, debe tener un solo jefe y un solo plan.
- **Centralización:** Se refiere a la concentración de autoridad en la cima jerárquica de la organización.
- **Jerarquía**: Debe hacer una línea de autoridad, del escalón más alto al escalón más bajo de la organización. Toda orden pasa por todos los escalones intermedios hasta llegar al punto donde daba ser ejecutadas: es la cadena escalar o principio escalar.

A principios del siglo XX la creciente industrialización y el tamaño de las empresas requería de sistemas de organización de personal que pudieran hacer frente a las necesidades de las empresas por lo que estas, empezaron a adoptar los patrones que se habían seguido en el ejército como las cadenas de mando, por ejemplo. Esa concepción empresarial seguía un modelo militar tratándose a las personas no como tales si no como "soldados". Posteriormente, la adopción de la "organización científica del trabajo" (Taylor), aportó nuevas formas y modelos de organización más acordes con la realidad empresarial.

Los generales en el ejército y los directivos en las empresas, hasta principios del siglo XX, podían dirigir sus estrategias muy alejados del teatro de operaciones. El verdadero protagonismo lo cobraban los mandos intermedios.

Este modelo dio paso a otro en el que los altos mandos cobraban mayor protagonismo y eran más próximos y cercanos al terreno, la fábrica o los trabajadores.

Mattew Parker (2005), comenta en su libro:

"La experiencia de la Primera Guerra Mundial también conformó la actitud británica hacia el liderazgo. Durante el periodo de entreguerras, la imagen popular de los generales de la Primera Guerra Mundial ordenando a sus hombres avanzar hacia una muerte segura mientras ellos permanecían muy por detrás de la línea del frente, tuvo gran influencia a la hora de modelar la conducta de los mandos británicos que luego operaron en Italia y el resto de teatros.

Los soldados norteamericanos quedaban a menudo sorprendidos por encontrar oficiales británicos de muy alto rango en peligrosas posiciones en primera línea. Algunos fusileros estadounidenses ni siquiera conocían el nombre de su comandante de regimiento, y pocos tenían algún aprecio por sus generales.

No obstante, en ambos ejércitos, era crucial el papel de liderazgo de los oficiales subalternos, un jefe de pelotón o de compañía.

Esto significaba que los oficiales subalternos debían mandar desde el frente y exponerse a riesgos aún mayores que los hombres a los que mandaban. El resultado eran pérdidas terribles. Un estudio sobre las tropas de combate norteamericanas en Italia mostró que bastaban apenas 88 días de combate para causar un 100 % de bajas entre los subtenientes de una división de infantería."

Muchos directivos y mandos, empiezan por primera vez a ejercer su cargo sin haber recibido previamente formación alguna. Algunos, simplemente son ascendidos y dotados de nuevas responsabilidades, pero carecen de las nociones mínimas para gestionar equipos de trabajo. Por lo tanto, gestionan o dirigen según sus creencias y preferencias o según las referencias previas que tengan de sus jefes/as anteriores. De esta forma, a veces por imitación, ejercen su trabajo.

Pero la dirección de personas comporta cierto riesgo en la medida en la que estamos trabajando con material sensible; personas.

Disponer de una base sólida y de unos buenos cimientos es fundamental para poder desempeñar este trabajo. Así que empezaremos por el principio, si le parece.

Veamos a qué hacemos referencia cuando hablamos del concepto "dirigir" según J.L. Urcola (*Dirigir personas en tiempos de cambio. 1998*):

- **Dirigir es lograr objetivos a través de otros.**

Dirigimos personas para conseguir resultados y lograr objetivos.

- **Conseguir que otros hagan lo que tienen que hacer**

Pero para conseguir dichos resultados, tenemos que lograr que las personas cumplan con la tarea que se le ha asignado.

Estas, serían las definiciones más comunes y simples, que no por ello, menos exactas.

Nuestra tarea también consiste en lograr coordinar el Esfuerzo, la Inteligencia y la Voluntad de nuestros colaboradores.

De nada sirve que un colaborador sea muy inteligente si no tiene la voluntad para realizar las tareas encomendadas. O que tenga voluntad pero carezca de la inteligencia o capacidad de esfuerzo para alcanzar las metas propuestas.

Tenemos que gestionar la coordinación de esos tres factores y alcanzar un equilibrio más o menos estable entre ellos.

Dirigir también consiste en maximizar el rendimiento con los recursos disponibles, generalmente escasos (dinero, personas y espacio). Es importante destacar que a veces "tenemos lo que tenemos" y no hay más. Esto quiere decir que, en la mayoría de los casos, no trabajamos en multinacionales y grandes empresas por lo que el personal a nuestro cargo es el que es y con eso tendremos que conformarnos y gestionar lo mejor posible.

"Las insuficiencias ocurren en nuestras vidas profesional y personal. Parece que nunca tenemos suficiente tiempo, dinero o soldados. La esencia de este "principio de escasez" reside en aceptar la realidad de los recursos limitados y convertirse en expertos en obtener resultados superiores en situaciones menos que ideales. Igualmente importante, una vez que la gente reconoce la escasez de recursos, ya no tienen que lamentar más la situación. En otras palabras, deben "aceptar la situación y arreglárselas. Los líderes deben llevar a cabo la misión con los recursos que tienen a su disposición. ¡Deben hacer que suceda! Esto es parte de ser un comandante y líder militar. Los comandantes nunca van a la guerra con todos los recursos que creen necesitar, equilibran sus insuficiencias para cumplir la misión."(General de División Stephen R. Lorenz. USAF).

Para comprender esta realidad, tenga en cuenta que la mayoría de las empresas tiene menos de 10 trabajadores.
Un encargado o un mando intermedio, no suele tener capacidad para despedir a nadie, por lo que a veces, debe de conformarse con lo que tiene, le guste o no.
Bien; en eso también consiste dirigir. Nadie ha dicho que vaya a ser fácil. Pero con un método y una disciplina bien orientada, puede resultar más sencillo.

- **Dirigir es "hacer hacer". Pero nosotros somos los responsables.**

En eso estamos. En conseguir, como decíamos antes, que las personas hagan lo que tienen que hacer. Pero, con toda seguridad conocerá a algún directivo al que le encanta "hacer" y cuanto más hace mejor porque así justifican que trabajan. Y trabajar mucho, no significa trabajar mejor. Estos directivos que están en todo y a los que les encanta estar en todo, a veces, sencillamente, son una pequeña molestia porque impiden que los demás, hagan lo que tienen que hacer.

Además, trabajarán más estresados y agobiados, no conseguirán las metas propuestas y todo se convertirá en un círculo vicioso del que no podrán salir.

Entienda que mientras el directivo o mando hace el trabajo de los demás, nadie está ejerciendo las funciones del mando. Si el mando hace de administrativo ¿Quién hace de jefe/a?

La función del directivo es, dirigir y gestionar a su equipo para lograr que sean autosuficientes. ¿Se imagina a un entrenador de fútbol saliendo al terreno de juego para marcar goles? Quizás la imagen estaría bien para los programas de zapping televisivos pero no creo que sea una buena idea.

Pero dirigir también implica lograr que los demás hagan lo que tienen que hacer "siendo nosotros los responsables". Sí, nosotros somos los responsables para lo bueno y también para lo malo. Si consiguen los resultados, algunos dirán "Lo hemos conseguido" y si no "han fracasado". Nos subimos o bajamos del barco según nos interesa y eso, no debe de ser así. En lo bueno y en lo malo, en la salud y en la enfermedad.

Un concepto de dirigir que me gusta es el de entrenador. Si entendemos que nuestra misión es entrenar e instruir a nuestro equipo para que consiga las metas propuestas en lugar de, simplemente, ser los jefes que están por encima del bien y del mal, comprenderemos que, en definitiva, estamos más bien a su servicio. Lo fundamental aquí es que se consigan los resultados y los objetivos. Ahora, si lo que le gusta es mostrar el cargo y las medallas, entonces eso ya es otra cosa.

Y ¿Cómo dirijo?

Difícilmente lo hará si no conoce **qué** quiere lograr. Así que en primer lugar, defina qué desea que consigan y en segundo lugar, **cómo** quiere que lo hagan. Recuerde que usted marca el camino.

Tiene que enseñarles y prepararles para que consigan alcanzar la meta, pero siendo usted el que indique las reglas del juego. No podemos esperar que, por sí solos, descubran el camino, de momento.

Si ya sabe qué tienen que conseguir y además les ha dicho cómo hacerlo, tendrá que dejar que hagan su trabajo, dejándoles cierta libertad para hacerlo. Pero también es imprescindible **comprobar** el rendimiento y **medir** los progresos que se efectúen.

Comprobar el rendimiento nos permitirá saber si están realizando correctamente su trabajo según las metas y métodos propuestos y la medición de los progresos nos dirá si mejoran o se estancan.

Funciones que debería realizar como directivo

Son muchas las funciones y tareas que podríamos destacar de un directivo o mando intermedio. No obstante, indicamos a continuación las más importantes (Henry Fayol, 1985):

- **PL-PLANIFICACIÓN Y PREVISIÓN**
- **OR-ORGANIZACIÓN**
- **DI-DIRECCIÓN Y EJECUCIÓN**
- **CO-COORDINACIÓN**
- **CO-CONTROL**

Recuerde el siguiente acróstico; **PLORDICOCO** y le será más fácil aplicarlo.

- ## PLANIFICACIÓN Y PREVISIÓN

Consideramos la previsión como un proceso por el cual un directivo proyecta lo que hay que hacer en el futuro, descubre las posibilidades que se le ofrecen, y según eso, determina unas metas que, siendo realizables por estar basadas en los hechos, son los suficientemente ambiciosas para garantizar el progreso.

Quiero ir a Madrid desde Barcelona

• ORGANIZACIÓN

Una vez que se sabe lo "que" hay que hacer y para "cuándo" hacerlo, es necesario determinar el cómo hacerlo que es la fase correspondiente a la organización.

Por organización entendemos al proceso a través del cual un directivo determina los recursos técnicos y humanos necesarios, reparte las tareas entre sus miembros, identifica las relaciones e integra sus actividades a fin de conseguir objetivos comunes

Cómo iré hasta Madrid (vehículo o medio de transporte, personas, costes, equipaje..)

• DIRECCIÓN Y EJECUCIÓN

La esencia de todo directivo es "tomar decisiones", es decir, poner en marcha aquello que se ha previsto suficientemente y se ha organizado adecuadamente

En el momento de tomar una decisión todo directivo debe tratar de disponer la máxima información que permita minimizar el riesgo a correr. Pero ojo, porque un exceso de información también puede ser negativo.

Nos ponemos en marcha.

• COORDINACIÓN

Coordinar es establecer y mantener la armonía ente los proyectos, los medios y las personas empleadas para alcanzar los objetivos, en medio de unas condiciones permanentemente cambiantes.

Hemos determinado que se alternarán en la conducción dos personas y planificado cada cuanto tiempo pararemos. Sin embargo, tenemos un margen de tolerancia que nos permite parar en el momento en el que cualquier conductor lo necesite.

• CONTROL

Para saber si estamos realizando el camino correcto o no, es necesario controlar lo que previamente habíamos planificado.

El control es necesario. Tanto para el directivo como para el trabajador. Si establecemos sistemas de control adecuados nos será más sencillo alcanzar el objetivo propuesto. Pero recuerde, que existen tres tipos de controles:

> • **Preventivos** (Cada media hora revisaremos la ruta en el mapa y nuestra posición)
> • **Correctivos** (Obras nos obligan a abandonar la carretera y por tanto, la ruta planificada; miramos el mapa y elegimos un camino alternativo)
> • **Tardíos** (En lugar de dirigirnos de Barcelona a Madrid, nos hemos dirigido de Barcelona a Francia y nos encontramos en París)

Supongamos que a un comercial le asignamos un objetivo; por ejemplo, vender 8 equipos en un mes.

Si esperamos a que finalice el mes tal vez comprobemos que no lo ha alcanzado y en ese momento, cualquier corrección ya será demasiado tarde.

Por ejemplo, le asignamos un objetivo de 8 equipos a vender en un mes y cuando finaliza comprobamos que solo ha vendido 6. Si deseamos corregir la desviación para el próximo mes, deberíamos proponerle que venda....10 equipos. Si no ha podido vender los 8 asignados este mes, difícilmente conseguirá vender 10 el mes siguiente.

Ese sería un ejemplo de un control **Tardío**, cuando ya es demasiado tarde.

Sin embargo, podríamos hacer lo siguiente; si le asignamos el objetivo de 8 equipos al mes, podríamos establecer que tendría que vender 2 cada semana. Así, un control **Preventivo** sería verificar semanalmente si ha vendido la cuota marcada. Si no es así, aun estaríamos a tiempo para establecer los mecanismos que nos permitieran corregir esa desviación y esos serían, los controles **Correctivos**.

El control es una función directiva, no delegable, si bien ello no impide que para facilitar su ejercicio sea conveniente potenciar el autocontrol, o sea, establecer un sistema de información y las oportunas "normas y reglas de juego" con las que cada colaborador pueda compararse en todo momento.
La mayoría de los progresos logrados en la gestión empresarial son debidos a las mejoras introducidas en las técnicas de control.

Otro sistema parecido al Plordicoco y más relacionado con la cultura Kaizen es el de "**Planear-Hacer-Ver**".

- **Planear**: Determinar los objetivos, medios y alternativas para un proyecto.
- **Hacer**: Llevar a cabo lo planificado
- **Ver**: Comprobar y controlar los resultados.

El **Kaizen** a veces es confundido con el Control de Calidad. Sin embargo es mucho más que eso. Tiene sobre todo que ver con la Mejora Continua **Voluntaria** o consensuada. La cultura del Kaizen está perfectamente enraizada en la cultura japonesa.
A diferencia del sistema "estático" occidental, el kaizen apuesta por pequeñas y a veces, insignificantes mejoras que a diario se incorporan al trabajo.
De esta forma, es fácil aplicar la metodología de los círculos de calidad ya que todos los empleados están acostumbrados a aportar de manera continuada ideas y sugerencias. En las empresas occidentales, a veces estas sugerencias se interpretan como quejas.

La idea de mejora continua es bastante habitual y conocida en los entornos de producción (los batas azules) pero no tanto en los entornos de "traje y corbata" o (batas blancas). En Japón, sucede que la mayoría de los empleados suelen pasar alguna temporada en producción, independientemente del lugar que posteriormente vayan a ocupar. Esto hace que a estos empleados les resulte más fácil adaptar las técnicas y métodos de producción como el antes mencionado, a los entornos de oficina.

También relacionado con el mundo de la calidad procede el método conocido como Rueda de Deming. Este método podemos emplearlo en la resolución de problemas, en la planificación del tiempo y del trabajo, en la toma de decisiones, etc.. Consiste en aplicar los siguientes 4 pasos:

> - Planificar
> - Ejecutar
> - Verificar
> - Actuar

Como método para el mando es sumamente útil pese a su aparente sencillez. En primer lugar, planifique. Ya sabe que la planificación es la piedra angular de todo trabajo o proyecto. En segundo lugar, ejecute lo planificado. En tercer lugar, verifique que todo marcha según lo planificado. Establezca controles si es necesario. Y por último, actúe en consecuencia, volviendo a planificar si es necesario hasta que todo el proceso fluya de manera uniforme.

¿Qué debe saber hacer?

Además de las funciones directivas, también debe de contemplar una serie de funciones personales importantes para el desarrollo eficiente de su trabajo:

- TRABAJAR EN EQUIPO
- FORMAR
- INFORMAR-COMUNICAR
- MOTIVAR
- EVALUAR
- CONTROLAR

• Trabajar en equipo

No todas las personas están capacitadas o saben trabajar en equipo. Si un directivo no cuenta entre sus habilidades personales la de saber trabajar en equipo le resultará más difícil ejercer una dirección más participativa. Sería el rol propio del directivo autocrático que no precisa trabajar en equipo ya que todas las decisiones las adopta directamente.

Cualquier equipo necesita un jefe que tenga una visión individual de cada uno de los participantes y una visión global que oriente al equipo hacia la meta.

• Formar

Una de nuestras funciones es la de formar a los componentes del equipo bien sea directa o indirectamente. La formación es, en parte, la transmisión de nuestros conocimientos para que puedan ser aplicados por otra persona. Pero también debemos saber recurrir a formadores externos que puedan aportar otros puntos de vista u otras técnicas más eficaces.

• Informar-Comunicar

El mando debe comunicar información a su equipo de forma verbal o escrita, orientándoles en el progreso del objetivo y facilitando periódicamente la información necesaria para ello.

• Motivar

El mando inmediato es el responsable de la motivación de sus colaboradores. Debe conocer las técnicas de motivación y disponer de recursos para ello.

• Evaluar

La evaluación nos permitirá sobre todo ser justos al disponer de criterios objetivos y no subjetivos de medición.

Imagine que los alumnos de un curso asisten a clase pero no realizan ningún tipo de examen o evaluación. La evaluación que realiza el formador de cada uno y la que realizan los propios alumnos de los demás será puramente subjetiva. Pero si diseñamos un sistema objetivo de evaluación que contemple, por ejemplo, la asistencia, participación, ejercicios realizados y nota del examen, la evaluación dejará de ser una percepción subjetiva y se convertirá en un número o una nota. Esa nota o número podrá ser comparada con las demás y así el profesor podrá establecer un plan específico para cada uno de sus alumnos.

La nota es como la radiografía para un médico. Por sí sola no sirve para nada. Simplemente nos indica una situación. Es a partir de la nota o de la evaluación del trabajador en este caso, cuando podemos adoptar medidas correctivas o preventivas.

• Habilidades

No se trata de disponer de un retrato robot del directivo perfecto. Pero sí es interesante destacar algunas habilidades que son necesarias en un mando.

A continuación le ofrecemos un listado que sin duda alguna usted podrá ampliar. Pruebe a evaluar cuáles de estas habilidades practica y cuáles debería aplicar. Propóngase un objetivo.

• Pensamiento analítico

Tener la capacidad de separar y descomponer los temas y analizarlos por separado. Sobre todo será útil para asuntos muy complejos.

- **Pensamiento creativo**

El criterio último de la creatividad es el resultado. Se llama creativa a una persona cuando consistentemente obtiene resultados creativos, significados, resultados originales y apropiados por el criterio del dominio en cuestión. (Perkins, 1984).

- **Capacidad de comunicación**

Poder comunicarse con sus colaboradores y superiores de manera tal, que el proceso comunicativo en sí no suponga un problema. Saber hablar y saber escuchar.

- **Capacidad para tomar decisiones**

La decisión implica acción. El trabajo directivo no debe quedarse solo en el plano estratégico y de despacho. Debe tomar decisiones y hacerlo. A veces, es mejor tomar una decisión con poca información pero ahora mismo, que tomar la decisión dentro de una semana y con muchos datos. Quizás sea demasiado tarde.
Pero no entienda esto como precipitación o con tomar decisiones por intuición. Por supuesto, será necesario para tomar una decisión, contar con un mínimo de información al respecto.

- **Motivación para conseguir lo que desea**

Si usted no está motivado ¿Cómo va a motivar a los demás? Fíjese metas y objetivos que de una manera u otra sean capaces de motivarle. Puede que su factor motivador no esté en el trabajo sino en su vida privada. Tal vez le motive viajar. El trabajo o sus objetivos profesionales podrán ser el puente de unión entre el trabajo y su viaje.
Tenga siempre delante una meta que le motive.

- **Saber delegar**

La delegación (empoderamiento) es una herramienta que puede ayudarle en momentos puntuales a deshacerse de trabajos poco productivos para centrarse en las tareas importantes más propias de su puesto. Pero la delegación también puede utilizarse para motivar a nuestro equipo.

- **Preocupación por el orden, el método y la calidad**

El método "dejar hacer" puede servirle unos días. Con el tiempo necesitará establecer un determinado orden, definir unos métodos de trabajo (cómo quiere que se hagan las cosas) y exigir unos determinados niveles de calidad.

- **Iniciativa**

Hacer algo por voluntad propia sin ser requeridos para ello. Hacer las cosas que tenemos que hacer sin que nadie nos lo pida, incluso, adelantándonos a tareas que no nos correspondan directamente. La iniciativa tiene que ver con la acción. De la misma manera que nos exigiremos iniciativa también la pediremos a nuestros colaboradores.

- **Sensibilidad interpersonal**

Ser sensible no significa tener que llorar cada vez que ve una película romántica. La sensibilidad está más relacionada con la capacidad que tenemos de captar, mediante los sentidos, información procedente del exterior. Estar atentos a los sentimientos y reacciones de los demás y actuar en consonancia.

- **Orientación al cliente y al servicio**

Todo lo que hacemos tiene como última finalidad el cliente y en última instancia, la satisfacción de sus necesidades. La producción por sí sola no tiene sentido. Producimos para satisfacer necesidades.

- **Autocontrol**

Controlar nuestros impulsos y nuestras emociones nos permite controlar todo lo demás. Algunas personas se muestran como pacientes hasta que dejan de serlo, se les cae la máscara y aparece la cara sorpresa. Usted debe tener el control, conocerse en profundidad y saber cómo reacciona ante determinadas situaciones. Mientras más y mejor se conozca mejor control sobre usted podrá tener. Pero conocerse, también implica autoanalizarse y ello implica unas ciertas dosis de valor.

- **Confianza en uno mismo**

La confianza en uno mismo está relacionada con una actitud positiva pero sobre todo sobre nuestro pensamiento interior. La confianza está dentro de nosotros y no fuera. Sin la confianza apropiada no podremos enfrentarnos a determinados retos. Pero también, un exceso de confianza puede ser peligroso ya que puede llevarnos a situaciones muy arriesgadas.

- **Entusiasmo**

La persona entusiasta es aquélla que puede enfrentarse a cualquier desafío porque confía en sus posibilidades pero además, desea enormemente conseguirlo.
Uno no está entusiasmado solo cuando las cosas van bien. Es precisamente el entusiasmo lo que nos ayuda a hacer bien las cosas.
El entusiasmo es contagioso y así debe procurar que sea. Contagie de entusiasmo a su equipo y notará la diferencia entre dirigir a trabajadores y trabajar con entusiastas.

- **Flexibilidad**

Es la capacidad que tiene una persona para adaptarse a nuevas situaciones y escenarios. Ser flexible es lo contrario de ser rígidos y la rigidez la asociamos también con terquedad. Una persona flexible es impredecible según Al Ries y Jack Trout. Si un líder se vuelve predecible pierde una ventaja competitiva.

- **Saber adecuar el estilo de mando**

Cada situación y cada individuo reclaman estilos diferentes de dirección y mando. No podemos dirigir de la misma manera para todas las personas. Intentaremos adecuar el estilo de dirección a la persona pero sobre todo en función de los requisitos de la situación, procurando mantener un perfecto equilibrio entre los estilos de dirección, las normas y el control para evitar sentimientos de injusticia.

- **Tener los objetivos claros. Visión estratégica**

El mando debe conocer cuál es el destino, de la misma forma que el piloto de un avión. Si conoce el destino podrá programar con antelación los recursos materiales y humanos necesarios así como el método o las técnicas que utilizará para lograrlo. Si no hay un objetivo definido, cualquier cosa podrá ser confundida con el objetivo.

- **Ser percibido como un experto. Credibilidad**

Para conseguir ser un líder deberá lograr que sus colaboradores le sigan y le utilicen como guía. Usted marca el camino pero debe de ser percibido como un experto. Con esto no quiero decir que, por ejemplo en el departamento comercial, el director comercial tenga que ser el mejor entre los vendedores, pero sí, evidentemente, un buen conocedor y organizador del departamento. En definitiva, un buen entrenador.

- **Capacidad para implicar**

Podemos tener una visión o un sueño magnífico pero si no podemos convencer a otras personas para que nos acompañen nos quedaremos en el camino.

- **Capacidad para escuchar. Receptividad. Ser abierto**

Saber escuchar implica un proceso de atención y de actividad y un esfuerzo por intentar comprender. No es lo mismo oír que escuchar.

Algunas ideas que pueden ayudarle a escuchar:

- Tomarse el tiempo suficiente para escuchar con atención.
- Demostrar verdadero interés por comprender lo que nos dicen.
- Crear un clima favorecedor.
- Hacer preguntas y tomar notas.
- Resumir según lo que nos han contado.
- Evitar distracciones.
- Aceptar a la otra persona y evitar prejuicios.

- **Saber trabajar en equipo**

Si concibe la idea de "mandar" estando en un despacho dando órdenes y alejado del grupo y de la acción, estará cometiendo un error. Debe de ser una parte integrante del grupo como una pieza más, que cohesiona al mismo y le dota de estructura y método.

- **Ser un entrenador de nuestros colaboradores**

Entrenarles consiste en proporcionarles herramientas y métodos para que consigan los resultados esperados. No podemos abandonar a los trabajadores a su suerte si no les ayudamos. Nuestra tarea no consiste en vigilar y castigar y convertirnos en guardianes de nuestro equipo.

- **Perseverancia**

Suelen fracasar aquellos que tienen demasiada prisa y los impacientes. La perseverancia y la constancia son fundamentales en cualquier aspecto de nuestra vida. Pero es importante también saber cuándo y en qué perseverar ya que podemos obsesionarnos en un objetivo o en una tarea que no nos lleva a ningún sitio.

- **Empatía**

La capacidad que tenemos para comprender las razones o motivos que mueven a una persona en una determinada dirección.

- **Gestión adecuada del tiempo.**

Trate el asunto de la gestión de tiempo como un valor que como tal, le pueden robar. Adminístrelo con inteligencia. El tiempo disponible no es infinito.

- **Sentido del Humor**

El sentido del humor es una cualidad muy bien valorada. No se trata de que usted cuente unos chistes magníficos sino de la actitud frente a la adversidad. Es un estado de ánimo que se contagia.

- **Aplicar la ética en nuestro trabajo**

El comportamiento ético exige unos valores y normas de conducta en los que predomina el reconocimiento de las personas como el valor máximo. Un directivo sin ética es como un cuerpo sin esqueleto. La ética es común a la persona y no solo podemos hablar de ética empresarial.

- **Capacidad para gestionar el conocimiento y formación del equipo**

El directivo gestiona recursos y los más valiosos, como ya sabe, son los recursos humanos. Saber gestionar lo que saben, su conocimiento, o lo que no saben es una herramienta cada vez más utilizada y de probada eficacia.

- **Capacidad para fomentar la comunicación interpersonal**

El mando debe también fomentar y sobre todo, provocar establecer una comunicación abierta con sus colaboradores y lograr que éstos tengan mecanismos para comunicarse. Son muchos los problemas que podrían evitarse con una buena comunicación.

- **Orientación hacia los resultados, clientes y personas.**

Los empleados pueden soportar el estrés y situaciones de trabajo difíciles y acometer empresas imposibles, pero recuerde que detrás de todo esto, se encuentra el deseo por alcanzar una meta.
Cualquier persona puede imaginar las duras condiciones de vida en un submarino durante la segunda guerra mundial. Espacios reducidos, relaciones interpersonales complicadas, meses de aislamiento, etc.., pero como describe Harald Bush (1989)

> *"Pero todo se daba por bien empleado si el crucero tenía éxito. Si por el contrario, los días y las semanas pasaban en tan duras y anormales condiciones de vida sin lograr avistar al enemigo y sin tener la más pequeña oportunidad de una acción victoriosa, todos los esfuerzos y sufrimientos padecidos parecían vanos e inútiles, y en tales circunstancias no era extraño que los nervios de algunos llegaran a estallar."*

Todos necesitan resultados y esa es la misión del líder; conseguir resultados positivos para el equipo. Si esto no se produce, el equipo puede dar por mal empleado todo el esfuerzo invertido.

Comportamientos negativos más perjudiciales:

Según un estudio de la empresa Otto Walter, los comportamientos negativos más extendidos de los/as jefes/as son, por orden de importancia, los siguientes:

- Falta de respeto
- Prepotencia
- No escuchar
- Incompetencia directiva
- Falta de apoyo al equipo
- Falta de trato humano
- No implicación
- No controlar adecuadamente
- Autoritarismo
- Incumplimiento de los compromisos
- No saber comunicar
- Injusticia
- Falsedad

- Robar medallas
- Falta de confianza
- Falta de valor
- Poca claridad de objetivos
- No respetar horarios

Observe que el primero de todos es "La falta de respeto". La percepción real o no, por parte del trabajador que no se le respeta adecuadamente es, evidentemente, un factor desmotivador.

La regla básica es "trate bien a todas las personas". Puede pensar que esto es bastante obvio pero quizás no pensaría de la misma manera si observara el comportamiento de muchos mandos y directivos en algunas empresas.

En muchas ocasiones pensamos que la dirección "científica" de equipos y personas es algo complejo y que son muchas las técnicas a aplicar. Pero en la práctica podemos observar que si muchos directivos se dedicaran a intentar eliminar algunos hábitos o comportamientos como los indicados anteriormente, el proceso de dirección sería un paseo.

El mercado está lleno de libros sobre liderazgo y dirección, algunos de ellos parecen pensados para que consigamos un doctorado después de leerlos. El tema puede ser todo lo complejo que uno desee. Podemos hablar de teorías, de estudios, de fórmulas para conseguir el éxito sin hacer nada, etc. Pero sin la voluntad de aplicar unos principios fundamentales por parte del lector, no conseguirá absolutamente nada. No intente utilizar métodos complejos sin antes hacer una pequeña revisión interior de cómo actúa usted con los demás. De cuáles son sus puntos fuertes y los que debería mejorar.

Un ejemplo interesante sobre liderazgo se refiere a la figura de Gustavo Adolfo II, hijo mayor de Carlos IX de Suecia y nacido en 1594.

> *"Nadie igualó a Adolfo en el arte de mandar a su ejército frente al enemigo, o de conducir una retirada sufriendo el menor número posible de bajas, y de acampar a sus tropas o de proteger los campamentos (....) Los tres puntos en los que superó a los demás militares de su época fueron **la táctica, la organización y el armamento**" (A precis of modern tactics, 1896).*

"Animaba a sus soldados más con el ejemplo que con la palabra y jamás disfrutó ventaja alguna sobre ellos, considerando, por el contrario, un honor mandarles. Sabía muy bien que no puede esperarse fe y lealtad donde rigen la esclavitud y el servilismo y, en consecuencia, se demostraba amistoso tanto con el soldado común como con el jefe.

Jamás obligó a nadie a una empresa en la que él mismo no tomara parte. Enseñó a sus subordinados tanto con el ejemplo como con la palabra. Ni la antigüedad produjo ni la posteridad producirá un príncipe tan paciente frente a todas las adversidades y tan resistente a la carencia de carne, de bebida, de calor, de sueño, etc.." (The great and famous battle of Lützen. Publicado en The Harleian Miscellany (1809) y citado en el libro Batallas decisivas II de Fuller).

Estilos de dirección

Los estilos de dirección y liderazgo combinan los rasgos, destrezas y comportamientos que los mandos utilizan cuando interactúan con sus seguidores. Los estilos de dirección suelen caracterizar el clima organizacional de una empresa o departamento debido a la influencia que ejerce la dirección sobre sus empleados.

Clima Organizacional según una definición de Litwin y Stringer (1968): "las percepciones directas o indirectas de la gente, sobre un conjunto de propiedades del ambiente laboral en que esas personas trabajan y que se supone influye en sus motivaciones y conductas".

Cada persona tiene su propio estilo de dirección. Podríamos decir, por lo tanto, que existen tantos estilos de dirección como personas diferentes. Sin embargo, con la finalidad de agrupar lo máximo posible los diferentes estilos directivos, podríamos indicar los 4 siguientes:

• ESTILO AUTOCRÁTICO • ESTILO PATERNALISTA • ESTILO BUROCRÁTICO • ESTILO DEMOCRÁTICO

También podemos hablar de estilos de dirección:

- Persuasivos
- Permisivos
- Coercitivos

En general, los grupos suelen preferir, en primer lugar a los líderes democráticos, los liberales (dejan hacer) y en último lugar los autocráticos.

El estilo autocrático suele provocar en el grupo hostilidad y agresividad y escasa motivación y orientación hacia la tarea.

El estilo democrático, en el que el poder reside en el seno del propio equipo también plantea problemas como que los componentes puedan pactar niveles de productividad inferiores a las necesidades de la empresa, considerando traidores, a los empleados con rendimientos superiores.

Es evidente que los modos de mandar y dirigir actuales distan mucho de los que han sido "tradicionales" hasta hace relativamente pocos años. Del "ordeno y mando" hemos pasado a otros sistemas más participativos y en los que el "convencimiento" trata de prevalecer sobre la "imposición", en definitiva, se ha producido en gran medida una transformación al pasar de un modelo de Jefe autoritario hacia otro de Jefe líder.

Pero en ocasiones el estilo autocrático puede ser el más adecuado cuando la toma de decisiones exige agilidad y rapidez.

Tarde o temprano los trabajadores acaban viéndonos el truco como ya he comentado en otras ocasiones. Tanto al jefe autocrático como al democrático o al paternalista se les ve a distancia y se actúa en consecuencia.

El comandante de la primera división del ejército francés Foy, escribió en su diario en torno a 1810 una breve descripción de quien fue su "jefe", Marmont:

> *"Ardiente y emprendedor cuando el peligro está lejos; frío y apático en su presencia. En las disputas no se enfrentará a las dificultades y siempre buscará soslayarlas...Es un buen hombre, digno y respetable pero él y otros se han decepcionado completamente a sí mismos respecto a la naturaleza de su talento. No nació para dirigir un ejército. Su rostro expresa con demasiada claridad la vacilación de su pensamiento y la ansiedad de su alma; todo el ejército conoce su secreto. Pide consejo con demasiada frecuencia, demasiado abiertamente y a demasiadas personas...Boinoid el Inspecteur en Chief aux Revues, me dijo en 1806 "El general Marmont es como el monte Cenis, en los buenos tiempos es luminoso y soleado; en tiempos tormentosos está cubierto de nubes" (Rory Muir. Salamanca 1812).*

Recordemos que en 1812 durante la batalla de los Arapiles (Salamanca) llegó a contar hasta con 42.000 soldados (más o menos el número de empleados que Henkel Ibérica tiene repartidos entre sus 75 compañías afiliadas en todo el mundo).

Otra forma de determinar los estilos de dirección se basa en:

- **Líderes centrados en el trabajo**
- **Líderes centrados en las personas**

Lewin y Lippitt (1938) propusieron una forma de clasificar los distintos tipos de liderazgo tomando como base el compromiso de los líderes por la tarea y en las necesidades relacionales. En 1973 Tannebaum y Schmidt lo expresaron gráficamente a lo largo de una serie continua.

Para Blake y Mouton (1981) estas dimensiones pueden ser independientes, pudiéndose representar gráficamente en un eje de coordenadas. Es la denominada "Matriz Gerencial".
En el eje vertical tendríamos el interés por las personas y en el horizontal el interés por el trabajo. La puntuación para cada uno oscilaría entre el 0 y el 9. Es decir, ningún interés por las personas (0) y máximo interés por las personas (9), o ningún interés por el trabajo (0) y máximo interés por el trabajo.
Ello da un total de 81 posibles combinaciones. De todas ellas, podríamos destacar las siguientes combinaciones:

- **Estilo 1.1.** Poco interés por las personas y poco interés por el trabajo. El líder se limita a dirigir de forma rutinaria y posiblemente con desmotivación.
- **Estilo 1.9.** Poco interés por la producción y máximo interés por las personas. El líder está más centrado en las necesidades de los empleados que en la consecución de las metas.
- **Estilo 5.5.** Interés medio por las personas e interés medio por el trabajo

- **Estilo 9.1.** Máximo interés por la producción y mínimo interés por las personas. El interés se centra en la consecución de objetivos y los empleados tienen muy poca importancia.
- **Estilo 9.9.** Máximo interés por las personas y por el trabajo. Para Blake y Mouton esta es la combinación perfecta.

Vroom y Yetton (1973) identificaron 5 estilos de dirección tomando como referencia la **participación** de los trabajadores en la toma de decisiones y en la **situación**.

Estos 5 estilos serían los siguientes:

- **Autocrático (I).** El líder toma la decisión directamente.
- **Autocrático (II).** El líder toma la decisión directamente con la información proporcionada por alguno de los empleados. Estos se limitan exclusivamente a aportar la información.
- **Consultivo (I).** El líder toma la decisión pero previamente consulta con sus empleados Individualmente y solicita sugerencias.
- **Consultivo (II).** El líder toma la decisión pero previamente consulta con sus empleados Colectivamente y solicita sugerencias.
- **Participativo.** La toma de decisiones se realiza consultando al grupo y estudiando conjuntamente soluciones y propuestas. El líder no influye en el grupo.

El directivo debe saber qué estilo es el más adecuado para cada situación. Hablaríamos de "**liderazgo situacional**". Esto quiere decir que en función de la situación y de la persona elegiremos el estilo que mejor nos permita obtener el resultado deseado.

Los líderes más eficaces son flexibles para moverse en los distintos tipos de liderazgo según lo requiera la situación y las personas.

No es bueno que sus colaboradores le identifiquen siempre con un determinado estilo. Lo más oportuno es que usted elija el mejor estilo en función de la situación. Cada persona exige un estilo diferente de dirección. Lo que puede funcionar bien con un empleado puede que no sirva con otro.

Probablemente el enfoque situacional sea es que ha recibido una mejor acogida.

Teoría Z:

Esta teoría elaborada por William Ouchi (1981) combina las prácticas de dirección americanas con las japonesas.

En general indica que las personas no desligan su condición de seres humanos a la de trabajadores y que si se humanizan las condiciones de trabajo aumentará el rendimiento. Se trata de una filosofía empresarial humanista en la que la empresa está orientada, entre otras cosas, a sus trabajadores.

Se basa en los siguientes principios:

- **Confianza:** Se fomenta el autocontrol a diferencia de los controles estrictos. Se confía en las personas.
- **Atención a las relaciones humanas:** Se contempla al empleado como ser humano y no solo como un trabajador.
- **Relaciones sociales estrechas:** Cada persona es diferente y así debe de ser tratada.

Pero también tenemos a algunos mandos que creen que su función se limita a vigilar y controlar lo que los demás hacen. Este tipo de mando que utiliza el método del "porque lo digo yo", generalmente ha aprendido a base de experiencia que ese sistema les funciona. Nadie se queja y el que lo hace tendrá problemas. Estas personas son muchas veces reacias a implantar cualquier tipo de cambio en su forma de dirigir equipos. Algunos pueden asistir a un curso o seminario, participar, opinar, negar, pero probablemente seguirán actuando al día siguiente de la misma manera. ¿Alguien quiere un/a jefe/a así? Pues los hay a montones y con esto no descubro nada nuevo, como usted bien sabe.

Debemos, con este tipo de mandos, demostrarles que su método no produce, aunque así lo crea, mejores resultados que otros sistemas más participativos. Hay que convencerle que es posible cambiar si seguimos un método y que ese cambio no solo le beneficiará sino también a su equipo. Tenemos que destacar los aspectos negativos de su método y la forma en la que le afecta a él como individuo (más estrés, mayor tensión, peores relaciones interpersonales..).

No debemos de poner en puestos de responsabilidad a las personas por su experiencia o antigüedad sino por su valía y porque reúne las cualidades, formación y experiencia necesaria para ocupar el cargo.

¿Y QUÉ HAY DEL LIDERAZGO?

Sobre el liderazgo se ha escrito mucho y existen multitud de definiciones. Independientemente de cualquier definición academicista o puramente técnica, sí podemos establecer algunas pautas generales que nos acercarán al concepto de liderazgo. En definitiva, de lo que se trata es que el directivo o mando pueda adaptar a su puesto de trabajo, algunas de las características que definen al liderazgo. Como podrá suponer, no me interesa tanto que usted se aprenda de memoria o que sepa la definición de liderazgo si no es capaz de aplicarla.

La organización de la empresa puede nombrarnos directivos pero no podrá nombrarnos líderes. Esta confianza solo nos la otorgan los seguidores. Usted puede ser líder pero no para siempre y para cualquier circunstancia. Por ejemplo, usted puede liderar con éxito a un equipo de trabajo pero si ese mismo grupo se encontrara perdido en la montaña, tal vez, elegirían a otra persona más capacitada y experimentada del grupo para que fuera su líder.

Las personas necesitan al líder adecuado en el momento adecuado.

Algunas posibles definiciones:

Líder es la persona capaz de ejercer una influencia, positiva o negativa sobre un grupo de individuos.

Efectivamente, líder es aquella persona con capacidad para movilizar a una serie de individuos con el fin de lograr un objetivo previamente establecido.

Líder es la persona con capacidad de dar satisfacción a las demandas y deseos de sus seguidores.

Líder es la persona que se encuentra en el sitio adecuado, en el momento preciso y con las cualidades necesarias para satisfacer las demandas del grupo.

Persona que puede hacer que los componentes del equipo evolucionen según un programa y unos objetivos previamente establecidos.

Chiavenato, Idalberto (1993), define el liderazgo como; "la influencia interpersonal ejercida en una situación, dirigida a través del proceso de comunicación humana a la consecución de uno o diversos objetivos específicos".

Paradigma de la teoría de Rasgos:

Una de las conclusiones a las que llegaron los primeros estudios sobre liderazgo, ultimaron que los líderes Nacen, no se Hacen. Esta afirmación provocó numerosas teorías alternativas tanto a favor como en contra.

En realidad, los investigadores deseaban encontrar una serie de rasgos comunes que permitieran identificar a aquéllas personas con un alto potencial como líderes.

Durante la década de los años 30 y 40 se realizaron numerosos estudios para encontrar claves comunes, cualidades y características universales que pudieran ser aplicadas en procesos de selección para mandos y directivos.

Posteriormente, esta teoría se vio desfasada en la década de los 50 con la entrada de la teoría del comportamiento. Esta pretendía encontrar diferencias entre los buenos líderes y los malos.

En los 70 se pasó a la teoría del liderazgo por contingencia. Esta teoría determinaba que el estilo adecuado del líder estará en función del tipo de líder, de los seguidores y de la situación.

En la actualidad suele predominar la teoría integral del liderazgo que procura combinar las teorías anteriores.

Sin embargo, la cuestión no es tan sencilla como parece. Si se hubieran encontrado una serie de rasgos claramente distintivos del líder, podrían seleccionarse bajo esos criterios a las personas más idóneas para ocupar posiciones de mando. Evidentemente, eso no es así. En lo que sí coinciden algunas de estas teorías es en que existen algunas cualidades que pueden ayudar a ejercer un liderazgo más eficaz.

Este liderazgo eficaz depende de varios factores (Peiró 1991) como las características del líder, la naturaleza de la situación y las necesidades de los seguidores.

Por lo tanto, no existe un perfil único del líder. Un ejemplo lo tiene en diferentes directivos de reconocido prestigio y políticos con caracteres totalmente diferentes pero que, de alguna forma, atraen la atención de sus seguidores ya que son capaces de satisfacer, de alguna forma, sus necesidades.

En política, podemos confiar en un determinado "líder" porque defiende nuestras ideas y sabemos que es el medio por el cual podemos satisfacerlas.

Clases de líderes

Formales que son aquellos en los que su poder proviene del más alto nivel directivo. Cuentan con un poder jerárquico delegado que les da la estructura. La influencia que ejercen sobre su equipo reside en la autoridad formal conferida.

Informales son aquellos en los que su poder proviene de los seguidores. No necesitan una determinada autoridad jerárquica y su influencia se basa en la autoridad técnica o personal.
El líder ideal es el que cuenta con el liderazgo formal y el informal, es decir, que además de tener la autoridad jerárquica también tiene la autoridad personal de su equipo.

Ocasionales Es alguien que disponiendo de las cualidades precisas asume el compromiso de satisfacer las demandas del grupo. Una vez conseguido el objetivo propuesto este tipo de líder suele desaparecer.

Un líder teórico puede llegar a ser un problema. Es algo que también podemos escuchar en muchos cursos de formación. Por ejemplo, cuando un psicólogo imparte un curso de ventas puede chocar frontalmente con preguntas del tipo ¿Pero usted, ha vendido alguna vez? ¿Ha pateado la calle buscando clientes? Evidentemente, la experiencia unida a la formación otorga credibilidad.
Pero el caso contrario, un líder con mucha experiencia, tampoco debe de ser sinónimo de fiabilidad. Alguien puede tener una experiencia de 20 años conduciendo equipos. Pero si durante esos 20 años lo ha estado haciendo mal…
A veces, una buena posición estratégica para el líder puramente teórico es la de asesor o staff.

En octubre de 1812, un oficial francés escribió sobre el General Le Marchant;

> *"Es un hombre agradable, muy experto y un gran guerrero teórico, pero me temo mucho que con él, vamos a experimentar lo mucho que la práctica excede a la teoría."* Meses más tarde, el mismo oficial decía *"El general Le Marchant tiene a toda su brigada a su disposición y por este motivo ha comenzado a jugar a los soldados con el fin de demostrar la eficiencia de ciertas miserables y desagradables maniobras que él mismo ha acuñado".* (Rory Muir. Salamanca 1812).

El liderazgo carismático

Jacobsen y House (2001) indicaron 4 características inherentes al líder carismático:

- **Estilo Dominante**
- **Un fuerte deseo por dominar a los demás**
- **Seguro de sí mismo y de sus capacidades. Alta autoestima**
- **Fuerte sentido de valores morales**

Posteriormente Conger y Kanungo (1988) describieron 5 cualidades de este tipo de liderazgo:

- **Visión y articulación**
- **Sensibilidad al entorno**
- **Sensibilidad a las necesidades de los miembros**
- **Asume el riesgo de manera personal**
- **Manifiesta un comportamiento poco convencional**

Este tipo de liderazgo está fuertemente relacionado con el concepto de carisma que tantas veces hemos escuchado. A veces nos referimos a una determinada persona diciendo que tiene carisma o que es carismática estableciendo también una relación mental con la idea de liderazgo.

Hitler o Churchill eran personas con estilos de dirección bien diferenciados que tuvieron la capacidad de atraer a multitud de seguidores. El carisma produce el efecto de desear seguir a quien lo tiene.

El clásico historiador romano Arriano (Anabasis Alejandrina) describía a Alejandro de la siguiente forma:

> *"Estaba dotado de gran perspicacia y valor; reclamaba siempre los puestos de honor y peligro...*
> *Manejaba diestramente a los ejércitos y sabía armarlos y equiparlos así como **animar** a los soldados e imbuirles esperanza, alejando la sensación de peligro con sus propias y nobles acciones."*

Alejandro era conocido por ser muy cercano a sus soldados rasos. Esta lealtad fue demostrada hasta el final. Muchos decidieron seguirle aunque les ofrecieron la oportunidad de volver a casa. Era más fácil que tuviera disputas con sus mandos intermedios que con sus soldados. Servía continuamente de ejemplo y demostraba que lo que exigía a los demás él lo podía hacer. Afrontaba los mismos retos y no dudaba en ponerse a la cabeza de sus tropas para contagiarles de entusiasmo y fe ciega.

Evidentemente los estilos de liderazgo de la mayoría de personajes que han tenido un papel relevante en la historia son muy diferentes. Pero se dan coincidencias en algunos rasgos de personalidad que los acercan al grupo o colectivo de personas que dirigen. Cada situación requerirá un tipo diferente de líder.

Por ejemplo, Mommsen (Historia de Roma. 1854-1856. Vol. II) dice sobre Aníbal:

> *"Estaba especialmente dotado de esa **inventiva** que forma uno de los rasgos esenciales del carácter fenicio; le agradaba adoptar inesperados y singulares caminos; emboscadas y estratagemas de todas clases le eran perfectamente familiares y **estudiaba** con gran cuidado el **carácter** y costumbres de sus antagonistas."*

Publio Cornelio Escisión (Escipión el Africano), vencedor de Aníbal es descrito por Mommsen; "No era uno de los pocos que gracias a su energía y voluntad de hierro obligaban al mundo a seguir durante siglos un nuevo camino....Estaba dotado del **entusiasmo** necesario como para caldear el corazón de otros hombres y de cálculo suficiente como para seguir en cada caso los dictados de su inteligencia..

Alababa cortésmente los méritos ajenos y **perdonaba** compasivo los errores".

Fuller (2007) dice sobre Publio Cornelio; "Mientras otros generales apenas aprendían nada de las derrotas, él sacó más provecho de las mismas que de los triunfos. Al tiempo que enemigo suyo, Aníbal fue un maestro que le enseñó no solo las artes de la guerra, sino a **dirigir** y **gobernar** a los hombres. Su dote más notable era la de saber penetrar la **psicología** de las masas."

En una ocasión, en España se amotinaron sus soldados. Según Polibio (XI), Escipión declaró lo siguiente; "Una muchedumbre es fácilmente inducida a error. La masa viene a ser como el mar, segura y tranquila por naturaleza, pero cuando el viento sopla violentamente sobre ella asume el mismo carácter de las ráfagas que la agitan con furia. De este modo, la multitud se convierte siempre en lo que sus jefes y consejeros quieren que sea".

Una figura militar bastante polémica es Montgomery aunque muchas de las críticas no procedían de sus subordinados.

"Con los soldados y sus subordinados directos, Monty era **paciente**, **comprensivo**, hasta cordial. Cuidaba a las tropas y éstas se lo pagaban con una devoción que no ha variado a lo largo de los años pese al desprecio manifestado de sus numerosos críticos. Lo que hay que recordar no es como han visto a Montgomery la posteridad y los historiadores en las décadas posteriores a El Alamein, **sino como lo vieron sus hombres en aquel tiempo...**

Sabía lo que estaba haciendo; transmitía **confianza**; daba **órdenes claras** que esperaba que fueran obedecidas, se le veía en todas partes. Sobre todo, tenía una cualidad vital; la garra. Monty dejaba claro que sus órdenes eran para ser obedecidas y no la base de ninguna negociación." (Robin Neillands, 2005. Octavo Ejército).

> *"Monty aprendió durante la Primera Guerra Mundial tres lecciones. Primero, que la responsabilidad de un comandante es **seleccionar y mantener un objetivo** bien claro en sus batallas y luego mantener el control en el caos inevitable del combate gracias a una cuidadosa planificación y un meticuloso trabajo en equipo. Segundo, que **sus soldados no debían ser enviados a la acción hasta no estar bien entrenados** y pudieran aprovechar cualquier oportunidad en el curso del combate que les brindaran sus superiores. Finalmente, que **no se debía mandar a la muerte a soldados en ataques que no ofrecieran posibilidades de llegar a buen puerto"**.*
> *(Robin Neillands, 2005).*

El 13 de agosto de 1942, Montgomery se dirigió a todos sus soldados con motivo de su llegada al cargo. Era, hasta el momento, el cuarto comandante que tenían en los últimos doce meses.

> *"Antes que nada quiero presentarme.*

Vosotros no me conocéis. Yo tampoco os conozco a vosotros. Pero debemos trabajar juntos; por lo tanto, debemos entendernos y confiar unos en los otros. Hace solo unas pocas horas que estoy aquí. Pero por lo que he podido ver y oir desde mi llegada, estoy en condiciones de decir, aquí y ahora, que confío en vosotros. Trabajaremos juntos como un equipo y juntos recuperaremos la confianza de este gran ejército y avanzaremos hacia la victoria final en África...Creo que una de las primeras obligaciones de un comandante es crear lo que yo llamo atmósfera y, en esa atmósfera su Estado Mayor, comandantes subordinados y tropa vivirán y trabajarán y lucharán." (John Latimer. El Alamein, 2002)

La figura de Winston Churchill profusamente estudiada ha sido también identificada como un líder excepcional. Sin duda alguna, tiene muchas de las cualidades que podríamos asociar a un líder como por ejemplo:

- Enorme capacidad de trabajo.
- Autoconfianza
- Sentido del humor
- Energía
- Orientación a los resultados
- Liderazgo

"Vuestro fue el corazón de león. Yo sólo di al león su rugido". (W.Churchill)

"Mi automóvil no tardó en ser reconocido y entonces empezó a llegar gente, una muchedumbre de no menos de mil personas. Todas ellas parecían **entusiasmadas**. Nos rodearon, vitoreándonos y exteriorizando mil muestras de vivo afecto, querían acercarse a mí. Cualquiera hubiese dicho que mi presencia les proporcionaba algún considerable beneficio o alguna gran mejora en su destino. Yo, abrumado por aquella actitud, rompí a llorar. Ismay asegura que oyó decir a una anciana: "Ya veis si ese hombre **se preocupa de nosotros** o no. ¡Está llorando! Pero yo no sollozaba de pena, sino de admiración y de asombro". (W.Churchill)

Llegados a este punto no podemos olvidar un tipo de liderazgo cada vez más notorio y emergente. El liderazgo femenino.
Por supuesto que podríamos abrir un interesante debate sobre si existen estilos de dirección en función del género, pero no es esa la intención.
Se trata simplemente de destacar un estilo de dirección que a veces se contrapone a los estilos de dirección utilizados por algunas mujeres, tratando de imitar los estilos de dirección puramente "masculinos" y de patrones tradicionales.

Las dificultades para el acceso de mujeres a puestos directivos son evidentes y notorias. Serán poco competitivas si aportan más de lo mismo y sino ofrecen estilos y cualidades que les ayuden a diferenciarse de sus competidores. El famoso **techo de cristal**, ("Conjunto de normas no escritas o que están en la cultura de la empresa que impide el acceso de las mujeres a la cúspide." Linda Wirth (2002)) en algunos casos puede ser a prueba de balas.
Candy Deemer (2003) habla de "techo de cemento" cuando las barreras son autoimpuestas por las mujeres.

En muchos casos se presupone la "valía superior del hombre" para puestos directivos y por este motivo, muchas suelen ser discriminadas.
Autores como Helgesen (2011) indicaban algunos motivos por los que las mujeres difícilmente podrían ocupar cargos directivos. Las razones, según el autor, podrían ser la poca capacidad para el trabajo en equipo debido a su escaso interés por los deportes competitivos, demasiado centradas en los vínculos afectivos, etc..

Quizás establecer una comparación entre los estilos de dirección partiendo de la base que el estilo de dirección "masculino" es el correcto, es en sí mismo un error de base.

Las mujeres pueden revolucionar los estilos clásicos de dirección y aportar cualidades y rasgos que a muchos hombres les costaría adaptar.

Algunos autores apuntan a que las mujeres ejercen estilos de dirección centrados en las personas y en los sentimientos, comunicativos y persuasivos y con una clara orientación hacia la calidad (Grimwood, 1993).

Algunos rasgos distintivos podrían ser:

- Un estilo más democrático, dialogante, y mediador. Una actitud más receptiva y participativa.
- Más creativas en las propuestas para ejercer la dirección.
- Más comunicativas y abiertas a las relaciones personales, a las propuestas de sus compañeras y compañeros, a escuchar sin enjuiciar de una forma más comprensiva.
- Desarrollan políticas de cooperación y participación.
- Potencian relaciones interpersonales.
- Les preocupa el abuso del poder y utilizan la coacción como último recurso.
- Clara preferencia por enfoques consultivos y cooperativos.
- Desarrollo de políticas de cuidado y apoyo mutuo.
- Mayor atención a los sentimientos y al uso de una "inteligencia emocional" más sensible a las emociones y situaciones personales de los demás.

Un estudio elaborado por la organización americana Catalyst sobre las mayores 500 empresas del mundo, destaca que las empresas que tienen a más mujeres en los altos cargos ejecutivos tienen mejores resultados económicos en general.

El motivo no es que tengan a más mujeres en puestos directivos sino sería tan sencillo como cambiar las cúpulas directivas. Se trata de aprovechar el talento y de sumar en lugar de restar. Es decir, no desaprovechar el talento de muchas mujeres negándoles la posibilidad de ascender a ciertos puestos de responsabilidad por una cuestión de género.

Las palabras deben de dar paso a la práctica. En Europa solo un 8,3 % ocupan cargos de alta responsabilidad entre las principales 295 empresas.

Si seguimos con el ritmo actual de incorporación de las mujeres a puestos de alta dirección, podrían tardar 30 o 40 años en igualar a los hombres.

Es por tanto, una oportunidad y no una amenaza de aportar valor añadido a muchas empresas incorporando sobre todo talento y nuevas formas de dirigir que nos permitan diferenciarnos de la competencia y por tanto, ser más competitivos.

Sin duda, uno de los motivos por lo que esto sucede reside en la dificultad para conciliar la vida personal y familiar con la laboral.

La no incorporación de la mujer a puestos directivos supone una enorme pérdida de talento.

La Cámara de Comercio de Barcelona indica que, solo en Catalunya, 52.000 mujeres universitarias no forman parte del mercado laboral, cifra que triplica a la de hombres. De continuar esta tendencia, en el 2017 un 21% de las mujeres cualificadas podrían estar inactivas.

Se hacen imprescindibles fórmulas creativas relacionadas con la conciliación de la vida familiar, flexibilidad horaria, elección de turnos, reducción de jornada o excedencias.

Por ejemplo, el ICD (Institut Català de la Dona) publica en su estudio *"Conciliación y nuevos usos del tiempo y de la vida cotidiana"* algunas buenas prácticas en las que se destacan algunos ejemplos reales y concretos de empresas de diferentes sectores que han introducido mejoras en este aspecto como:

Empresa sector textil:

- Posibilidad de fraccionar por horas los dos días de permiso por asuntos personales previstos en el convenio del sector textil.
- Se facilita el cambio de turno temporal siempre que sea posible
- Horario flexible para el personal administrativo y técnico cualificado. La jornada de trabajo tiene una parte de horario fijo en el que deben coincidir todas las personas y otra flexible que se acomoda a las conveniencias personales.
- Facilitar trabajos alternativos a mujeres embarazadas cuando su estado de salud así lo requiera.
- Las personas con hijos/as menores de 12 años podrán incrementar, con solicitud previa, la hora de entrada a las 9:15 h.
- El permiso personal del convenio de 18 horas retribuido para acudir al médico de la S.Social, se amplía también para acompañar a familiares de primer grado.

Empresa sector construcción:

- Flexibilidad horaria por motivos personales sin repercutir en las vacaciones.
- Jornada intensiva en verano y vigilias de festivos.
- Los viernes se acaba una hora antes (17 h. en lugar de 18 h.)
- Apoyo de 120 euros mensuales para gastos de guarderías, al personal con hijos menores de 3 años.
- Regalo por matrimonio a hombres y mujeres de 300 euros.
- Baby libreta. 60 euros en una libreta bancaria por maternidad/paternidad
- Formación. Se subvenciona el 90% de los cursos relacionados con el puesto de trabajo y el 60% de los cursos de interés personal

Empresa sector farmacéutico:

- Reuniones después de las 9:30 y antes de las 17:30 h
- Viernes tarde no se trabaja. Horario intensivo

- Formación en línea y videoconferencias para evitar desplazamientos
- Banco de horas. Cambiar horas extra por horas de necesidad personal puntual.
- Fomento del teletrabajo

Empresa sector alimentario:

- Flexibilidad horaria por secciones y posibilidad de jornada reducida
- Se admite la jornada comprimida en casos de necesidad personal
- No se niegan nunca permisos justificados
- Prohibición de llevarse trabajo a casa.

Empresa sector salud:

- Jornada laboral de 33 horas y 20 minutos. Los viernes se cierra a las 13:50.
- Está mal visto acabar después de las 18 horas
- Política de dar apoyo a la maternidad y no ponen barreras a la hora de contratar o fomentar.
- Oficina diseñada de forma ergonómica. Gimnasio abierto durante 12 horas.
- Convenios con guarderías para disponer de precios y condiciones especiales para los trabajadores.
- Distribución de cheques para guarderías.

Empresa sector alimentación:

- Reducción de la jornada laboral a la carta en función de las necesidades horarias personales más allá de lo que estipula la ley.
- Flexibilidad horaria de entrada, salida y para comer.
- Jornada comprimida los viernes. Se sale a las 15 h.
- Banco de horas.
- Apoyo para hijos menores de 4 años para guardería.

- Apoyo para nutrición para hijos menores de 1 año.
- Vacaciones fraccionadas
- Videoconferencias para evitar viajes
- Formación dentro de la jornada de trabajo.
- Las mujeres con hijos pueden solicitar no trabajar en el turno de noche.

Distintas ideas aplicadas por otras empresas:

- Año sabático. Excedencia de un año por motivos personales con el 25% del salario.
- Teletrabajo. 1 vez a la semana o cada 15 días, trabajo en la empresa.
- Jornada reducida para incorporaciones de maternidad/paternidad
- Opción de comer en una hora en lugar de dos y salir o entrar una hora antes o después

La conciliación no es una cosa exclusiva de las mujeres sino de toda la sociedad.

El/la Líder

A veces empleamos los términos Directivo y Líder como similares. Sin embargo su significado no es el mismo. Como sabe, el directivo es un cargo impuesto pero el liderazgo es algo que nos confiere el equipo.
El directivo hace lo tiene que hacer y el líder hace lo que debe hacer. El trabajo de los líderes está centrado en el cambio y el de los directivos en ejecutar el cambio.

El ideal es ser un directivo líder. Puede parecer obvio pero también puede darse el caso de líderes que no son directivos ni tienen mando alguno. Es el caso de algunos empleados que a igualdad de "rango" con sus compañeros son elegidos por los mismos como "lideres". Estas personas no cuentan con la autoridad formal pero sí pueden contar con la autoridad informal o una competencia técnica que les hace especiales para el grupo.

El líder tiene la visión global y el directivo es el responsable de ejecutarla.
El líder conoce la estrategia y el directivo la táctica.

Diferencias entre poder, autoridad y liderazgo.

- Poder: Afán por dominar voluntades.
- Autoridad: El poder delegado.
- Liderazgo: es el poder potencial que tiene una persona, el cual no es delegado sino natural. Lo utiliza para influenciar.

Como diría Margareth Thatcher, "Lo de tener poder, es como ser señora. Si tienes que recordárselo a la gente, malo".
El poder, en ocasiones suele ser percibido como un derecho mal adquirido en el que los deseos de dominio son superiores incluso a los de cumplir los objetivos y donde el principal beneficiario es quien lo ejerce. Así, el poder podría ser coercitivo o legítimo lo que redundaría en resultados diferentes. Un ejemplo sería el caso de un representante sindical que puede presionar a la dirección en un determinado sentido no por la autoridad jerárquica que posee sino en base al poder que le confiere pertenecer a un determinado sindicato. "El poder desgasta solo a quien no lo posee. Giulio Andreotti".
Sin embargo la autoridad (profesional, por personalidad o formal), está más relacionada con la legitimidad para poder dar órdenes.

Un empleado puede acatar las órdenes de su superior, aunque pueda no estar de acuerdo, en base a la autoridad formal que posee o a la confianza que tiene en él/ella. Esta relación podría ser más o menos estrecha en tanto que la autoridad es el poder que tiene una persona según su papel o función. Así. Un mando intermedio puede tener autoridad y poder pero no será probablemente el mismo que el que ostenta el/la directora/a general.

Algunas sugerencias sobre el liderazgo:

- Debería tener unos objetivos claros y definidos. Lo que caracteriza a todo líder carismático es que tiene "proyectos", tiene retos que le apasionan e implica a los demás en ellos.
- Tener una "visión" del cambio que se desea realizar y del camino.
- Intentar ser un buen comunicador
- Capacidad para convencer y dirigir. Persuasivo/a
- Tener una estrategia (Target-Objetivos-Medios)
- Un sistema para lograr los objetivos en un plazo determinado.
- Tener los conocimientos y habilidades necesarias para el logro de los objetivos.
- Capacidad para simplificar y centrarse en lo principal.
- Poder para arrastrar a los demás en el proyecto común.
- Habilidad para coordinar esfuerzos y liderar grupos, creando un buen clima de trabajo en equipo.
- Vocación por el equipo y por los resultados.
- Perseverancia y tenacidad para persistir en una tarea, a pesar de los obstáculos a los que debe enfrentarse.
- Empeño y constancia.
- Estar cerca de sus colaboradores. Tener la confianza del equipo. Ser percibido como "uno más" del grupo.

- Sentir que está al "servicio" del grupo. Tener conciencia de que los intereses del grupo prevalecen respecto a los personales.
- Lograr resultados positivos favorables para los seguidores.
- Ser entusiasta e irradiar entusiasmo. Si nosotros queremos transmitir entusiasmo a los demás, los primeros que tenemos que estar entusiasmados debemos ser nosotros mismos.
- No temer asumir riesgos. La audacia y el optimismo son también rasgos que definen a este tipo de líderes.
- Implicarse en la tarea. La persona carismática es alguien que afronta los retos en primera línea del frente de batalla. Da la cara por sus seguidores y vive el reto con total implicación y apasionamiento.

"El liderazgo es como la belleza, difícil de definir pero fácil de reconocer si uno lo ve" (W. Bennis, 1990).

Estoy seguro que nadie quiere tener un jefe, pero sí a un líder. Las personas, en general, no desean trabajar solo para agradar al jefe. Preferirían hacerlo por la seguridad de seguir a un líder y porque creen en su orientación o visión.

El concepto de jefe está unido al de persona autocrática que basa sus decisiones en el temor y el miedo. Consigue que las personas hagan lo que desea fundamentando su credibilidad en la intimidación. Admitámoslo. Es una forma muy fácil de mandar. No es necesario aprender nada. Solo tenemos que dar la impresión que somos personas terribles y que si no hacen lo que queremos algo malo sucederá. Muchos de los mandos intermedios que conocemos podríamos denominarlos como "vigilantes". Su función se limita a vigilar y controlar lo que hacen los demás pero aportando muy poco o nada al grupo.

Ejercer como líderes es otra cosa. Implica relacionarse con los demás y conocerles y tener una clara orientación de servicio y predisposición al equipo. Lógicamente, esto es más difícil de conseguir por lo que muchas personas optar por ser, simplemente, jefes.

¿Qué hace el líder?

Hoy, más que nunca, se precisa en nuestras empresas de líderes que sean capaces de llevar a cabo los cambios cada vez más complejos que las organizaciones requieren.

El líder es el que marca el nuevo camino y hace frente a la incertidumbre facilitando la labor de sus seguidores.

Un buen líder debe de ser capaz de reunificar las fortalezas de todos los componentes de su equipo formando uno solo que actúe como la maquinaria de un reloj. Todos conocen sus tareas y a la vez la importancia de lo que hacen. El líder hace fuertes a los débiles y posibilita el crecimiento de los demás.

"No es el Jefe el que paga los sueldos: el que lo paga es el producto"(Henry Ford). Podríamos añadir, que es el cliente quien lo paga.

Se discute sobre si el líder tiene que estar más centrado en la eficiencia que en la eficacia. No podemos olvidar, que en el terreno empresarial, cada vez más competitivo, los dos factores son importantes y que a muchos grupos se les mide exclusivamente por la eficacia. El líder tiene que estar focalizado tanto hacia la eficiencia como en la eficacia. Un líder soñador que no produce resultados y que tiene seguidores satisfechos con su forma de trabajar, tal vez no lo sea desde el punto de vista productivo y empresarial. Queremos líderes que nos ayuden a ganar batallas o líderes que nos indiquen cómo evitarlas.

La herramienta de evaluación del liderazgo.
Los 12 desafíos (Fuente: EUSKALIT. Fundación Vasca para la Calidad)

Euskalit ha desarrollado una herramienta que permite que podamos evaluar la forma en la que ejercemos el liderazgo. Analiza 12 aspectos que consideran de interés que todo directivo debería practicar. A partir de un diagnóstico previo podemos reforzar los puntos fuertes y mejorar los puntos más débiles. Los 12 puntos son los siguientes:

1. **Apoyo y reconocimiento a las personas:** Ser accesible a las personas de la organización, apoyarles para que cumplan sus objetivos y reconocer sus actitudes, esfuerzos y resultados.

2. **Desarrollo de la capacidad de las personas:** Ofrecer la oportunidad, los recursos y la responsabilidad para que las personas puedan realizar su trabajo y tomen sus propias decisiones (Empowerment).

3. **Fomento de la cohesión dentro de la organización:** Impulsar el trabajo en equipo y el trabajo entre personas de distintas disciplinas, conocimientos y áreas de trabajo.

4. **Involucración en actividades de mejora:** Animar, apoyar y emprender acciones a partir de las actividades de aprendizaje, impulsar la creatividad e innovación y establecer prioridades entre las actividades de mejora continua.

5. **Implicación con los clientes**: Establecer objetivos estratégicos en relación a los mismos, reforzar la relación entre los clientes y la organización, impulsar la colaboración para la mejora y reconocer el papel de los clientes y su importancia para mi organización.

6. **Implicación con los partners:** Establecer objetivos estratégicos en relación a los mismos, reforzar la relación entre los partners y la organización, trabajar conjuntamente para la mejora y reconocer su papel y su importancia para mi organización.

7. **Implicación con la sociedad**: Identificar las necesidades y expectativas de la sociedad respecto a mi organización, tomar parte en acciones encaminadas a mejorar la colaboración con entidades del ámbito social, difusión de buenas prácticas de la organización, etc.

8. **Desarrollo de la cultura de la organización:** Desarrollar la Misión, Visión, Valores, principios éticos, señas de identidad, y otros elementos que pueden configurar la cultura de la organización, en un marco de gestión orientada hacia la excelencia.

9. **Desarrollo del sistema de gestión:** Desarrollar y desplegar la política y estrategia de la organización, manteniéndola permanentemente alineada con la estructura de la organización

10. **Implicación en la gestión por procesos**: Desarrollar y mejorar permanentemente la gestión basada en procesos

11. **Impulso del cambio en la organización:** Identificar las necesidades de cambio de la organización, teniendo en cuenta los cambios sociales, tecnológicos y económicos a nivel global e implicar a las personas, eliminando las resistencias dentro de la organización.

12. **Revisión de la efectividad del liderazgo**: Revisar la efectividad del liderazgo con el fin de mejorar permanentemente.

Muchos empleados desconocen los objetivos de la empresa e incluso de su propio departamento.

Pueden realizar su trabajo pero sin tener una visión global o de conjunto.

Esto puede ser peligroso sino se cuenta con un liderazgo bien definido. En general, para que las personas actúen de esta forma se necesita una confianza ciega en el líder y no es suficiente con ejercer simplemente la dirección; es necesario un/a líder.

Harald Bush (1979) describe el perfil de un comandante de submarinos de la siguiente forma; *"En realidad el comandante de un submarino es el único a bordo que puede decirse que combate. Sobre él recae todo el peso de la responsabilidad en una medida que no conocen los jefes de otras unidades. **Sólo él puede ver al enemigo.; los demás cumplen más o menos a ciegas su limitado cometido.** El mando del buque y la iniciativa del combate están única y exclusivamente en manos del comandante, y su actuación está influida por su carácter y personalidad; de él depende en máximo grado el éxito o el fracaso. Es preciso, por tanto, poseer extraordinarias cualidades para mandar un submarino en la guerra: **seguridad en sí mismo, conocimientos técnicos y experiencia, prestigio y audacia, dureza y bondad, ambición, tenacidad y espíritu deportivo.** Todos estos factores entran en juego y su importancia puede ser decisiva.*

Debido a las especiales características de la "acción", como se dice en lenguaje marinero, cuando se ha efectuado un ataque submarino o ha habido que abandonar una persecución, nadie a bordo del sumergible sabe lo que ha ocurrido; solo el comandante puede imaginarse en cierto modo la situación.".

Existen pocas ocasiones en el terreno empresarial donde esta realidad sea comparable. Me refiero a que las vidas de todas estas personas están en manos de un mando en el que deben confiar, y nunca mejor dicho, a ciegas.

Una de las claves del liderazgo reside en la **confianza**. Si el equipo confía en usted debido a su experiencia, formación o carisma le seguirán. Si no es así, tendrá que arrastrarlos.

¿Qué no deberíamos hacer?

Evidentemente son muchas las cosas que podemos hacer o incluso, dejar de hacer para no llegar a convertirnos en líderes.

Algunas son las siguientes:

- Querer gustar siempre a los compañeros del grupo. Si esto le preocupa en exceso tal vez no haga las cosas que tiene que hacer por miedo o temor a lo que opinen los demás. No podemos estar siempre bien con todas las personas.
- No tener enemigos. No pretenda no tener enemigos. Si sus ideas son llamativas seguramente tendrá opositores. Es lo normal. Muchos líderes se miden por la cantidad de enemigos que tienen y probablemente no desearía que ninguno de sus enemigos fuera su amigo.
- Tratar como medios, máquinas o números a sus colaboradores y utilizar el estilo autocrático. Trate a los demás como a personas.
- Estar demasiado preocupado por su estatus en la empresa. El cargo no lo es todo.
- No ser humilde. Quizás no entienda lo que quiere decir humildad.
- Rodearse de personas mediocres. Algunos hacen esto de forma intencionada para intentar destacar. "En el país de los tuertos el ciego es el rey".
- No delegar. Claro. Delegar puede significar para algunos enseñarles cómo se hacen las cosas que usted hace. A lo mejor se dan cuenta que no es tan difícil. Evidentemente, debe delegar.
- No permite que se formen. Entiende que la formación es una pérdida de tiempo y que el verdadero aprendizaje es la vida misma. Además, si

quieren aprender solo tienen que preguntárselo a él/ella.
- No escuchar a nuestros colaboradores. A veces oímos, pero no escuchamos. La escucha requiere atención.
- La prepotencia.
- Ser injusto con los demás.
- No servir de ejemplo.
- No estar interesado por el grupo y las personas que lo componen.

Aunque seguramente, si es usted un/a buen/ observador/ se le ocurrirán algunas más.

"Dar ejemplo no es la principal manera de influir sobre los demás; es la única manera". Albert Einstein

¿QUÉ ES UN EQUIPO?

Los equipos de trabajo son el principal motor de la industria. Estos constituyen la fuerza motriz de la empresa y su esfuerzo y talento redundan en la competitividad de las mismas.

No existen empresas sin trabajadores. Excepto algunas que se encuentran en conocidos paraísos. Independientemente de aspectos legales y jurídicos. La auténtica fortaleza reside en las personas. Y como tales, es conveniente dotarlas de organización. Esta mínima organización es el equipo.

En ocasiones se habla con cierta ligereza que tenemos un equipo cuando en realidad lo que tenemos es un conjunto de personas que trabajan en el mismo departamento y que realizan tareas independientes pero cuyas relaciones son amistosas.

Un conjunto de individuos no es un equipo si no están organizados y no tienen algo en común.

Un equipo es, también, un conjunto de personas organizadas en la búsqueda de una meta que es de interés para todos los participantes.

Un equipo es un pequeño número de personas con habilidades complementarias, comprometidas con un propósito común, un conjunto de metas de desempeño y un enfoque por el que se sienten solidariamente responsables (Katzenbach, 1995).

Equipo es también un conjunto de personas con destrezas complementarias que se comprometen en un objetivo común realizando acciones específicas y asumiendo una mutua responsabilidad.

En realidad y de forma práctica consideramos que tenemos un equipo cuando todos los miembros se sienten identificados con el mismo y con sus objetivos y a la vez, comprometidos.

Para constituir un equipo es necesario contar con un mínimo de dos personas.

Un **grupo** de personas no es un equipo si no está **Estructurado** y **Organizado**. Por ejemplo, las personas que están haciendo cola en un cine, simplemente serían un conjunto de individuos o una reunión, pero, evidentemente, no un equipo ya que carecen de estructura y organización. Es necesaria una conciencia de pertenencia y de unión con los demás.

En un grupo, la responsabilidad es individual y no compartida y en el equipo, la responsabilidad es tanto individual como compartida.

Pero sobre todo, lo que mayor entidad le concede al equipo es la interrelación e intercambio entre los miembros, dotándole de un carácter más dinámico que la simple estructura estática Estructura-Organización.

Equipo = Individuos + Organización + Fin común

También conviene distinguir **El grupo Natural** y el **Grupo de Trabajo**.

El Grupo Natural es espontáneo y habitualmente elabora sus propias normas, reglas y objetivos en relación a sus propios intereses.

Estos grupos suelen formarse, a veces, al azar, debido a que sus componentes comparten intereses o motivaciones comunes. De esta manera, el propio grupo generará su organigrama, en el que existirá la figura del líder y de los seguidores.

También dispondrán de reglas y normas comunes y de funcionamiento. Un ejemplo típico es el de una pandilla.

El Grupo de Trabajo es formal y estructurado. La estructura y la elección del líder no suele venir del seno del grupo sino del exterior.

El grupo es un sistema de referencia para el individuo.

El tamaño del grupo también influye en los resultados. Así, un grupo inferior a 14-15 personas facilita el intercambio de información e ideas y entre 5 y 6 para la solución de problemas.

Si el grupo es demasiado heterogéneo en cuanto a estudios o experiencia, también puede provocar resultados negativos.

Los grupos, se pueden dividir en 3 grados:

- **PRIMER GRADO:** La familia, la aldea, el equipo, el grupo de trabajo
- **SEGUNDO GRADO:** El clan, el pueblo, la compañía, la pequeña empresa
- **TERCER GRADO:** La tribu, la ciudad, la gran empresa

Según los estudios realizados por Benne y Sheats (1948) lograron distinguir 3 tipos de roles que existían en los grupos:

- Los roles referidos a la tarea
- Los roles referentes al mantenimiento de la vida colectiva y el clima
- Los roles individuales de los componentes del grupo (dominante, independiente, integrador, ..)

Un equipo estará organizado si dispone de un mando o responsable y por otra parte, si todos los miembros conocen sus tareas y objetivos.

Un equipo necesita un líder pero no necesariamente un jefe. El líder del equipo no tiene que ser siempre la misma persona sino que puede rotar o cambiar en función de las necesidades de la tarea o de los objetivos.

También es probable que el equipo no funcione y no se deba específicamente a un mal ejercicio del mando o del líder. Puede deberse a la incompetencia de los miembros del grupo, a una carencia de formación o de habilidades.

Un buen director de orquesta al que le asignemos un grupo de obreros de la construcción sin conocimientos de música, difícilmente podrá ejecutar una pieza de Mozart, por ejemplo.

Cualquier líder no sirve para conducir un equipo. El líder idóneo debe de ser escogido en función de las metas y objetivos perseguidos y de las personas integrantes.

Solo cuando los componentes conocen sus objetivos, podrán contribuir a la realización de las tareas de forma cooperativa y responsable. Entonces, diremos que trabajan en equipo.

Comportamiento Organizacional.

Es la materia que estudia la forma en que afectan las personas, los grupos y el ambiente en el comportamiento de los individuos dentro de las organizaciones, buscando con ello, la eficacia en las actividades de la compañía.

En general, establece:

A) NATURALEZA DE LAS PERSONAS

a) Diferencias Individuales

Todas las personas somos únicas y diferentes. No obstante, compartimos cualidades y características que nos acercan o nos separan.

b) Totalidad de la Persona

Cuando una empresa contrata a una persona no solo está "alquilando" sus cualidades, conocimientos o destrezas aplicables al puesto. También se queda con sus emociones, sentimientos y personalidad. Difícilmente puede contratar y disponer solo de los conocimientos del empleado.

c) Conducta Motivada

Todo comportamiento obedece a un interés por satisfacer sus propias necesidades. Por tanto, cualquier conducta estará motivada por una u otra razón para el individuo. Se dice que cualquier comportamiento tiene una razón de ser. Si hago algo, es por algo.

d) Valor de la Persona o Dignidad Humana.

Toda persona tiene como valor predominante su dignidad. Todos deseamos ser reconocidos y valorados por nuestro trabajo pero por encima de todo, deseamos que nos valoren como personas.

B) NATURALEZA DE LAS ORGANIZACIONES

a) Sistemas Sociales.

Dentro de cualquier organización coexisten dos sistemas sociales. El sistema formal y el sistema informal. Estos sistemas están en continua interrelación y por tanto se trata de sistemas dinámicos que se influyen mutuamente.

b) Interés Mutuo.

Cualquier empleado que esté en una organización tendrá sus propias metas, anhelos y deseos de futuro. De la misma manera, la propia organización tendrá los suyos que podrán o no coincidir. El interés de las dos partes radicará en encontrar un punto de coincidencia para que puedan existir intereses que sean comunes.

Mucho se ha hablado del particular carácter japonés, su orientación al trabajo y de su capacidad de recuperación. Entre los motivos secundarios, la cultura ha jugado un importante papel en el restablecimiento del equilibrio perdido.

Por ejemplo, la población japonesa ha sufrido directa o indirectamente los efectos del tsunami y de la central nuclear. Miles de fallecidos, desaparecidos, heridos, edificios destruidos, más de 150.000 personas sin hogar, etc.. Muchos han podido comprobar de primera mano lo que es carecer de alimentos y ver mermada su capacidad para satisfacer sus necesidades primarias y biológicas esenciales para su subsistencia.

Sin embargo, su enorme capacidad de trabajo, su sentido de pertenencia han contribuido en gran medida a paliar los efectos del tsunami satisfaciendo las necesidades primarias y secundarias de los afectados y procurando nuevas motivaciones al conjunto de la población para recuperarse económica y psicológicamente. El sentido de pertenencia a un determinado colectivo o país puede aumentar su autoestima y servir como aliciente para su recuperación.

La comunicación en el grupo:

Los estudios realizados por Leavitt (1951) coinciden en que por regla general, existen algunas configuraciones comunicativas que se repiten:

- **Comunicación circular**. En la que cada componente del grupo se comunica solo con su vecino.
- **Comunicación en cadena**. Los extremos solo se pueden comunicar con un solo miembro.

- **Comunicación en rueda**. Un miembro del equipo se puede comunicar con todos los demás pero éstos solo se pueden comunicar con él.
- **All Channel**: Permite todas las posibilidades de comunicación entre sus miembros y en todas las direcciones.

Según los objetivos asignados a un equipo, se podrían definir los métodos de comunicación más adecuados para recibir información interior o exterior que les permita tomar decisiones.

El mando o directivo que gestiona al equipo debe fomentar la comunicación real y efectiva entre los miembros para evitar que algunos participantes exterioricen una imagen que nada tiene que ver con sus verdaderos pensamientos. Si eso se produce, no se conseguirá una efectiva aportación de ideas si no que los miembros del grupo actuarán condicionados por la opinión general. Se obtendrán resultados promedio pero no ideas brillantes.

Etapas en la formación del equipo:

Durante todo proceso de formación de equipos, atravesaremos por cuatro etapas hasta conseguir la madurez:

Formación: Momento en el que se reúnen las personas que conformarán el equipo.

Conmoción: Etapa de desconcierto en la que cada individuo pretende hacer prevalecer su rol.

Regulación: En esta fase, comienzan a limar asperezas y a pasar de los extremos a puntos intermedios de intercambio.

Actuación: Puesta en marcha.

Una **quinta** etapa estaría integrada por la concepción Kaizen de **Mejora Continua Voluntaria** en la que los componentes del equipo tienen un interés real en mejorar como grupo y como individuos continuamente.

En esta fase es cuando se puede dar el "empoderamiento" al equipo para conseguir que sea autogestionado. El poder reside en el equipo y no en el mando o directivo. El propio grupo se presiona así mismo para lograr resultados.

En un equipo todas las piezas son importantes. Piense en la maquinaria de un reloj o en una orquesta para darse cuenta de ello. Si un equipo consigue resultados positivos, reforzarán su conducta y es más probable que continúen teniendo éxitos. Todo el mundo prefiere estar en el equipo ganador.

Experimento de la Prisión de Standford.

En 1971 un equipo de investigadores dirigido por Philip Zimbardo de la Universidad de Stanford reclutaron voluntarios que desempeñarían los roles de guardias y prisioneros para una prisión ficticia.

Este experimento pretendía evaluar la respuesta humana en una situación de cautiverio y cómo actuarían las personas que desempeñaban el rol de guardias o prisioneros.

24 jóvenes se dividieron en dos grupos. A los guardias se les entregaron gorras, uniformes y porras así como gafas de espejo.

Zimbardo transmitió las siguientes instrucciones a los "guardias":

> *"Podéis producir en los prisioneros que sientan aburrimiento, miedo hasta cierto punto, podéis crear una noción de arbitrariedad y de que su vida está totalmente controlada por nosotros, por el sistema, vosotros, yo, y de que no tendrán privacidad... Vamos a despojarles de su individualidad de varias formas. En general todo esto conduce a un sentimiento de impotencia. Es decir, en esta situación tendremos todo el poder y ellos no tendrán ninguno"* (vídeo The Stanford Prison Study, citado en Haslam & Reicher, 2003).

El experimento se descontroló muy rápidamente. Los guardias adoptaron el rol más negativo y los prisioneros empezaron a tolerar un tratamiento humillante. A medida que avanzaba el experimento, algunos guardias perfeccionaron su nivel de sadismo y acabó cancelándose a los 6 días cuando estaba previsto para una duración de dos semanas.

Los resultados demostraban la obediencia del grupo cuando se les proporciona cierta legitimidad. Muchos guardias entendían que su violencia y poder podía estar legitimada por una institución superior como podía ser la cárcel.

¿En qué se fundamenta el trabajo en equipo?

Urcola (2003) señala las siguientes:

En su eficacia
Un equipo será más eficaz a medida que logre alcanzar los objetivos por los que se constituyó. La utilidad del equipo es justamente alcanzar objetivos e incluso superarlos.

En la cohesión entre sus componentes
Si no existe un cierto grado de cohesión no lograremos tener un equipo. Solo un grupo de individuos que compiten entre ellos y que incluso dificultan el trabajo a los demás. Debemos lograr la cohesión de todos y cada uno de los componentes y esa es una tarea esencial del responsable del grupo.

La heterogeneidad de sus componentes puede ayudar a ofrecer puntos de vista distintos.

La responsabilidad compartida. Si todos conocen que tienen una responsabilidad individual, también ayuda saber que existe una responsabilidad compartida como equipo.

Flexibilidad: La flexibilidad nos permite adaptarnos a los cambios o novedades que se puedan producir en el trabajo en equipo.

El objetivo común. Los objetivos no solo deben ser de la empresa o de los mandos intermedios o directivos. Los objetivos deben contemplarse como comunes para que puedan ser compartidos.

División clara de funciones y tareas. Saber qué hace cada cual y qué me toca hacer a mí exactamente.

La interrelación. La cohesión se logra mediante la interrelación entre todos los miembros.

La estructura se debe pensar teniendo en cuenta los objetivos asignados al equipo así como conociendo quiénes serán sus componentes.

Elton Mayo realizó un curioso experimento en la Western Electric Co. de Chicago en 1929. Detectaron que cuando la iluminación era muy fuerte aumentaba la producción. Para comprobar si existía alguna correlación disminuyeron la iluminación. Sin embargo, la producción no disminuyó sino que en algunos casos aumentó.
Mayo reunió a 6 obreras y les explicó el experimento. Las llevó a una habitación habilitada con numeroso instrumental de medición (humedad del aire, temperatura, iluminación..).
Realizaron descansos y modificaron la temperatura e iluminación y la producción aumentó. Incluso se les proporcionó té y el rendimiento aún fue mayor.

Sin embargo cuando les retiraron el té y los descansos, y se establecieron unas condiciones peores a las que tenían inicialmente, la producción se mantuvo estable. Mayo se dio cuenta que todas las correlaciones previas que había establecido entre productividad e iluminación, los descansos, el té, eran erróneas.

Lo que verdaderamente descubrió es que cuando aisló a las 6 obreras y al eliminar el jefe que las controlaba, éstas podían hablar con mayor libertad y se había creado una cohesión especial en el equipo que sí redundaba en una mayor productividad. Esta cohesión también tenía que ver con el hecho de haber sido "elegidas" entre 40 mil empleados para realizar el estudio lo que les dotaba de una mayor entidad como grupo.

A medida que aumenta la cohesión en el seno de un equipo, aumenta su eficacia.

Algunas sugerencias para la gestión de equipos:

- Definir y fijar claramente los objetivos así como los criterios y pautas de actuación de cada colaborador.
- Definir la misión.
- Utiliza la delegación.
- El trabajo en equipo no siempre funciona. A veces es mejor el trabajo individual.
- Tienes que servir como ejemplo. Te observan.
- Ayúdales a integrarse en el equipo y dótales de herramientas para que lo hagan con comodidad.
- Practica la escucha activa.
- Sé justo y ecuánime.
- Reconoce sus logros, virtudes y objetivos alcanzados.
- No eludas los problemas. Mientras antes los afrontes antes dispondrás de soluciones.

- No pidas a los demás lo que tú mismo no estarías dispuesto a hacer.
- Trata a los demás como te gustaría que te trataran.
- Contra los rumores información.
- Gestiona adecuadamente tanto los fracasos como los éxitos.

Círculos de Calidad

Los círculos de calidad surgen en Japón en la década de los 60. Inicialmente estaban enfocados a tareas industriales pero posteriormente se adaptó como una herramienta más al resto de departamentos.
En Occidente no está tan extendido pero es una herramienta que cada vez vemos con más frecuencia en las empresas.

En general, un circulo de calidad es un pequeño grupo de empleados que realizan un trabajo igual o similar en un área de trabajo común, y que trabajan para el mismo supervisor, que se reúnen **voluntaria** y periódicamente, y son entrenados para identificar, seleccionar y analizar problemas y posibilidades de mejora relacionados con su trabajo, recomendar soluciones y presentarlas a la dirección, y, si ésta lo aprueba, llevar a cabo su implantación.

Peiró (1993), ofrece una serie de condiciones, requisitos y recomendaciones que deberían reunir los círculos de calidad.

La forma de trabajar de un círculo de calidad se debe adaptar a la filosofía de la empresa si deseamos que verdaderamente sea eficiente. A continuación se indican algunas recomendaciones:

- La participación en el Círculo de Calidad es voluntaria.
- Son grupos pequeños, de 4 a 6 personas en empresas pequeñas, de 6 a 10 en empresas medianas y de 8 a 12 en grandes.

- Los miembros del Círculo de Calidad realizan el mismo trabajo o trabajos relacionados lógicamente
- Suelen formar parte de un equipo que tiene objetivos comunes.
- Los Círculos de Calidad se reúnen periódicamente para analizar y resolver problemas que ellos mismos descubren o que le son propuestos a su jefe.
- Cada Círculo de Calidad tiene un jefe que es responsable del funcionamiento del Círculo. Dicho jefe es, por lo general, un supervisor que recibe formación especial relativa a las actividades del Círculo.
- La junta de gobierno de la dirección establece los objetivos, política y pautas de las actividades de los Círculos de Calidad, y sustenta el sistema de los Círculos mediante los recursos adecuados y el interés de la dirección.
- Todo aquel que participa en un programa de Círculos de Calidad recibe formación o información acorde con el grado de participación que tenga en el sistema.

Un círculo de trabajo debería...

- Contar con el reconocimiento a todos los niveles de que nadie conoce mejor una tarea, un trabajo o un proceso que aquel que lo realiza cotidianamente.
- Respetar al individuo, a su inteligencia y a su libertad.
- Potenciar las capacidades individuales a través del trabajo en grupo.

¿Qué puede hacer un círculo de calidad?

Fundamentalmente el Círculo es un grupo solucionador de problemas. El proceso de solución de problemas se convierte en una secuencia integrada de acciones y empleo de técnicas. Para solucionar dichos problemas hay que pasar por unas etapas:

- Identificar una lista de posibles problemas a tratar
- Seleccionar un problema de la lista
- Clarificar y reformular el problema.
- Identificar y evaluar causas.
- Identificar y evaluar soluciones.
- Desarrollar un plan de implantación de la solución.
- Presentar el plan a la dirección.
- Implantar el plan.
- Evaluar los resultados de la solución propuesta.
- Optimizar los resultados de la solución.
- Vuelta a identificar una lista de problemas. Con la solución de un problema previo se da paso a un nuevo ciclo de actividades encaminadas hacia el mismo fin.

Una empresa puede tener numerosos círculos de calidad en marcha y en diferentes departamentos o áreas.

Los círculos de calidad, una vez que conseguimos que conozcan el funcionamiento del mismo y fomentamos su participación, pueden contribuir de manera altamente positiva en el crecimiento de la empresa. ¿Cómo? En general por el volumen de ideas y sugerencias que pueden llegar a aportar.

Un circulo puede crearse con la finalidad de estudiar, periódicamente, formas o maneras diferentes de realizar un trabajo, intentando, por ejemplo, reducir costes y/o aumentar la calidad. Podrán realizar sugerencias a dirección que una vez evaluadas podrán ser aplicadas. En función del ahorro de costes producido los participantes en el círculo de calidad podrían recibir algún tipo de premio o recompensa.

Se pueden crear círculos de calidad para analizar problemas relativos a las condiciones y métodos de trabajo, a la mejora de la calidad y productividad, a nuevas ideas sobre nuevos productos, reducción de costes, seguridad de los empleados, etc..

Las ideas no deben de ser exclusivas de los círculos de calidad. Podemos tener un buzón de ideas y hacer que los empleados tengan a su disposición fichas para aportar sus ideas de mejora.
Un comité puede estudiarlas y decidir cuál de ellas es la más idónea para formar un círculo de calidad focalizado al estudio de esa idea.
Los participantes del círculo, en general, suelen ser voluntarios de diferentes disciplinas y que tengan la capacidad técnica para poder evaluarla. Si finalmente consiguen un resultado positivo, tanto el equipo como la persona que originariamente aportó la primera idea podrán ser recompensados.

El buzón de ideas debe de ser fomentado por la empresa. Cuántas veces hemos visto en algunas compañías buzones de sugerencias escondidos en un rincón y llenos de polvo porque nadie lo utilizaba o ni siquiera sabían que existía.
Debe de existir una política bien definida sobre su uso y sobre el análisis, recopilación y archivo de las ideas así como de la manera de recompensarlas.

Una de las claves para que los círculos de calidad funciones consiste en ajustar el modelo inicial a las necesidades de la empresa y a nuestra filosofía de trabajo. El circulo de calidad, como modelo japonés, difícilmente puede implantarse en empresas occidentales tal y como está concebido en oriente.

Experimento de Asch

Este experimento desarrollado en 1951 por Asch demostró el poder de conformidad en los grupos.
Una de las conclusiones del experimento es que personas "normales" pueden llegar a mostrar comportamientos extraños solo por la presión que ejerce el grupo.

En el experimento se les pedía a un grupo de personas que indicaran, respecto a unos dibujos, cuáles tenían las líneas de mayor longitud. Cabe decir que todos excepto uno eran cómplices del investigador.

Se mostraban los dibujos y todos los participantes señalaban uno en concreto que, evidentemente no era el que tenía las líneas de mayor longitud. El sujeto del experimento señalaba la correcta. Pero a medida que avanzaba el experimento empezó a dudar de su propio juicio al observar que era el "único" que se equivocaba.

El experimento demostraba cómo las respuestas del sujeto cambiaban debido a la influencia del grupo.

Experimento de M. Sheriff

Otro conocido experimento similar al anterior es de Muzafer Sherif. El objetivo era evaluar hasta qué punto una persona podía adaptar su respuesta en la resolución de un ejercicio, a las respuestas que daban otras personas (influencia social informacional).

En una sala oscura se proyectaba un punto luminoso. Los participantes entran en la sala individualmente y posteriormente en grupos pequeños.

Individualmente cada persona indicaba que veía el punto en una distancia determinada mientras que cuando tenían que decidirlo grupalmente, la opinión cambia y suele adaptarse al grupo.

Roles en el trabajo en equipo

Belbin (1993) definió 8 roles fundamentales que deben darse en un equipo de trabajo para que este sea efectivo y altamente eficiente. Una de las conclusiones a las que llegó es que en un equipo es muy importante mezclar a personas distintas y contar con la mayoría de los 8 roles que propone.

• **Coordinador.**
Determina los objetivos, funciones, tareas y responsabilidades de todos los componentes del equipo.

• **Centrador.**
Ayuda al equipo a centrar la discusión y a adoptar decisiones.
• **Encargado de plantear ideas.**
Propone nuevos enfoques, sugerencias e ideas.
• **Monitor/evaluador**
Se encarga del análisis de la información y de los temas más complejos a la vez que evalúa las contribuciones de los miembros del equipo.
• **Implantador**
Traslada a la práctica las ideas aportadas.
• **Trabajador del equipo**
Su interés se centra en proporcionar apoyo al equipo y en lograr la unidad y cohesión.
• **Investigador de la empresa**
Obtiene información externa
• **Cumplidor**
Sigue las órdenes y pautas acordadas y suele cumplir con los objetivos asignados.

La Dirección del equipo humano en empresas familiares.

Gestionar una empresa familiar, puede tener mayores dificultades que una empresa tradicional si los roles no están perfectamente definidos.

Sus componentes pertenecen a dos sistemas a la vez; el familiar y el empresarial y ello conlleva serias dificultades prácticas, tanto desde el punto de vista profesional como personal.

Pero en cualquier caso se trata de una empresa y como tal tiene que ser gestionada y dirigida. Pensemos por un momento que la finalidad de la empresa es proporcionar a nuestros clientes productos y/o servicios que satisfagan sus necesidades. Al cliente le da lo mismo si la empresa está dirigida por hermanos y primas o por quien sea. Lo que le preocupa al consumidor es que el producto cumpla con su función.

La empresa familiar también tiene connotaciones de empresa pequeña o muy pequeña. No se deje engañar. Empresa familiar solo indica el tipo de gestión pero no el tamaño de la empresa. Existen numerosas empresas familiares que nada tienen que ver con empresas pequeñas; Ford, BMW, Carrefour, son empresas familiares.

Este tipo de organización es mucho más vulnerable que la empresa tradicional ya que desde el punto de vista relacional se cruzan los lazos afectivos con los profesionales y personales.

La idea para una correcta gestión de la empresa familiar es procurar no mezclar los dos campos; familiar y profesional. No dirigir la empresa como una familia. La familia es una cosa y las empresas son otra y de muy distinta índole. Son muchos los empresarios que no saben desligar los conceptos de familia y de empresa y además, creen que hacen lo correcto. Se equivocan. El problema es que, tal vez, se den cuenta cuando ya sea demasiado tarde.

Supongamos que la familia es un vaso de agua y el trabajo otro vaso de agua. Evidentemente si los mezclamos, será muy difícil volver a separarlos. Pero si entendemos que la familia es un vaso de agua y el trabajo un vaso de aceite, aunque los mezclemos todo tenderá a estar separado. Cada cosa en su sitio.

No dirija a su hijo. Dirija a un empleado. Si esto no lo hace bien, cuando tenga un problema laboral con su hijo, tal vez el problema lo arrastre hasta el terreno familiar. Dos problemas por el precio de uno.

Si despedir a un empleado es complicado, tener que despedir a tu hija o a tu primo aún lo es más.

Es un poco triste ver como en algunas empresas familiares los organigramas están más pensados en satisfacer las necesidades de los componentes de la familia que en las necesidades de la empresa y del mercado. Fulanito ocupa el cargo de director comercial por ser el hijo de, en lugar de por estar capacitado para ello. Otra cosa muy diferente son aquéllas empresas familiares que durante años se han ocupado de realizar un meticuloso proceso de transición y que se han ocupado de que sus hijos dispongan de una experiencia y formación acorde al puesto que luego irán a ocupar. No hay ningún inconveniente en que personas de la familia ocupen cargos de responsabilidad, siempre y cuando estén verdaderamente capacitados para ello.

Desde el punto de vista de la motivación de los empleados, percibir que alguien está ocupando un cargo de responsabilidad en la empresa por ser hija de quien lo es, supone un factor desmotivador importante y un freno a sus posibilidades de ascenso.

Es indispensable separar las relaciones laborales de las relaciones familiares. Cada componente del equipo tiene que demostrar que ocupa un determinado cargo porque tiene las cualidades y formación necesarias.

Para lograr una dirección eficaz del equipo familiar es recomendable definir claramente todas las funciones y tareas de cada miembro y por escrito. Debe ser un compromiso y no sirve el "aquí todos hacemos de todo". Hay que resolver quién está más capacitado para cada función y si no lo está, qué debemos hacer para lograrlo (formación, experiencia..).

También es recomendable incorporar directivos externos que pueden aportar una visión diferente sobre la empresa y sus métodos de trabajo, además de profesionalizar la gestión.

No hay mayor secreto que saber separar las relaciones laborales de las afectivas.

El mando intermedio y el equipo

La figura del mando intermedio o del encargado es la responsable de gestionar y de dirigir a un determinado grupo, pero también debe tener una estrecha relación con sus superiores.

Esta dualidad del mando implica que muchos de ellos tienen dos orientaciones distintas.

Por una parte, el encargado que considera que su grupo es el de los de "arriba", sus jefes y por otra parte el que considera que su equipo son los de "abajo", sus empleados.

El primero, defenderá sus decisiones ante el grupo diciendo que son responsabilidad de los de arriba "me han dicho que os diga...".

El segundo, defenderá ante sus superiores la competencia o incompetencia de su grupo; "no lo han conseguido".

Observe, que en cualquiera de los dos casos, el mando habla en tercera persona.

Un buen mando, debe de estar centrado entre los dos grupos y comprender que no es un simple transmisor de información. Si los superiores adoptan una decisión, la decisión, de cara al equipo será del tipo "hemos decidido que..". Y cuando tenga que defender las posiciones del equipo ante los superiores también será del tipo Nosotros.

"Este principio va un paso más allá del refrán "resuelva los problemas de su jefe". Mucha gente toma una decisión a la ligera, pero si se elevaran dos niveles por encima de sí mismos, podrían tener una vista estratégica de la decisión. Ver "a través de los ojos de dios"—mirar a través de los ojos del jefe de su jefe—les permite tomar mejores decisiones. Es decir, los líderes deben comprometerse a plenitud con la organización y tomar los desafíos de sus jefes como suyos propios. Si pueden lograr este tipo de compromiso—independientemente de quién es el jefe o qué partido político controla el gobierno—lo único que importa es mejorar el logro de la misión tomando las mejores decisiones posibles y haciendo lo correcto bajo las circunstancias." (General de División R.Lorenz. USAF).

Equipos multiculturales.

Ya hemos hablado antes sobre el equipo multidisciplinar o heterogéneo. Pero un equipo multicultural, puede ser también multidisciplinar y/o heterogéneo.

La globalización de los mercados y de las empresas así como la continua entrada en las empresas de trabajadores de otros países y culturas está centrando la atención en los equipos multiculturales.

Gibson et al. (2001) plantean que según el origen nacional de las personas, su concepción de lo que debe ser el trabajo en equipo varía radicalmente.

Estos autores utilizan la figura de las metáforas para graficar el modelo mental sobre equipos existente en cada cultura. Las diferentes metáforas que tienen individuos de diferentes culturas nacionales afectarán las expectativas de desempeño, de trabajo y de relaciones aceptables en el equipo. Según la cultura nacional que las personas tengan percibirán al trabajo en equipo a partir de una metáfora militar, familiar, deportiva, de asociación o de comunidad.

Lo importante aquí es que diferentes modelos mentales acarrearán consigo determinadas expectativas acerca de cómo debe ser administrado, controlado y cómo debe evolucionar el equipo de trabajo.

Si nos encontramos en un mismo equipo de trabajo con integrantes que poseen diferentes expectativas de funcionamiento del equipo, el potencial de conflicto aumentará y su capacidad de fijar normas de trabajo compartidas se hará más dificultosa. Pero quizá lo más importante es que se hará más difícil también el desarrollo de una mente colectiva (o modelo mental) compartido, ya que los integrantes poseen representaciones diferentes acerca del funcionamiento del equipo.

Distefano y Maznevski (2000), por ejemplo han identificado tres tipos diferentes de equipos multiculturales:

> **Los destructores**: Estos equipos no suelen adaptarse a los diferentes integrantes. El clima de desconfianza y recelos suele ser común por lo que acaban autodestruyéndose.
>
> **Los igualadores:** Equipos multiculturales donde todos participan y cooperan para lograr los objetivos fijados.
>
> **Los creadores:** A partir de las diferentes visiones de sus participantes logran crear nuevos proyectos o ideas. Todas las opiniones son válidas con el objetivo de construir.

Jeanne J. Brett, Kristin Behfar, Mary C. Kern (2009), sostienen que estos equipos ofrecen ventajas a las empresas, sobre todo multinacionales, pero que también pueden existir problemas relacionados con las diferencias culturales.

En sus investigaciones llegaron a identificar cuatro categorías de problemas que pueden bloquear a un equipo:

- comunicación directa versus indirecta
- problema con acentos y fluidez de idioma
- diferentes actitudes hacia la jerarquía y la autoridad
- normas contrapuestas sobre toma de decisiones

Formas de enfrentarse a los desafíos multiculturales:

- adaptación (reconocer abiertamente diferencias culturales y resolverlas),
- intervención estructural (cambiar la conformación del equipo),
- intervención ejecutiva (fijar normas al principio o incorporar a un ejecutivo de un nivel superior)
- salida (sacar del equipo a los integrantes problemáticos, cuando las otras opciones han fallado).

LAS REUNIONES

Las reuniones forman parte de la rutina de trabajo de muchas personas. Todos hemos asistido a reuniones interminables y agotadoras que lo único que consiguieron fue hacernos perder el tiempo.

La reunión es necesaria, pero siempre y cuando esté bien planificada. Tiene que ser una herramienta útil para el mando y para los colaboradores y no percibirse como algo negativo.

Y ¿Qué deberíamos entender por reunión?

Si preguntamos a los empleados y a los directivos qué es una reunión, con toda seguridad nos darán respuestas muy diferentes y que, además, nada tienen que ver con el concepto de reunión.

Podríamos afirmar que una reunión es el encuentro de varias personas **predispuestas** a colaborar en el logro de uno o varios objetivos en un clima de intercambio de información.

En las reuniones, igual que en los grupos de trabajo, debemos tener presentes los siguientes aspectos para el buen funcionamiento:

- La participación de todos y cada uno de los asistentes a la reunión.
- La colaboración de los diferentes miembros.
- La integración de cada participante en el seno del grupo

A no ser, que confundamos **Reunión** con **Conferencia**, la reunión exige participación. Si un directivo simplemente reúne a sus trabajadores para explicarles algo, pero estos no pueden participar, entonces no utilizaremos la palabra reunión. Podemos emplear la palabra **Mitin**.

¿Por qué no funcionan?

En General, una de las causas ya la hemos mencionado antes. Confundir una conferencia, un mitin o una exposición de datos con una reunión. Para que realmente funcionen necesitamos la participación de las personas. Además, la reunión debe tener unos objetivos concretos y bien definidos. Si nos reunimos pero no existe un orden del día hay muchas posibilidades de dispersión y acabar hablando de temas no previstos.

Otro motivo suele ser la falta de confianza entre los participantes e incluso los problemas personales.

También, la falta de participación de los asistentes. En estos casos, el convocante, debe saber dinamizar al grupo y hacerlo participar. Para ello, podrá utilizar algunos recursos del capítulo dedicado a Formación y del capítulo de Equipos.

A veces se convocan las reuniones en horas poco apropiadas. Si realiza una reunión a las 12:30 y su horario laboral acaba a las 13 h., con toda probabilidad los participantes estarán continuamente mirando el reloj. Lo mismo sucederá si convoca la reunión un poco antes del almuerzo o del café. Aunque este sistema también puede utilizarlo si lo que le interesa es adoptar decisiones rápidas. Algunas personas sucumben a este método y admiten lo que sea con tal de acabar a la hora.

Otro motivo por el que no funcionan es realizar reuniones interminables. Las reuniones deben tener una duración determinada de antemano, una hora de inicio y una de final.

Si hay demasiadas personas la dinámica será algo más complicada. Elija preferentemente grupos inferiores a 12 personas.

Finalizar la reunión y no llegar a acuerdos también condiciona la participación de los empleados en futuras reuniones. Este suele ser uno de los motivos por el que algunas personas no confían en las reuniones. Se habla mucho, se hace filosofía, se sueña, pero al final, nadie sabe lo que tiene que hacer. Utilice el acta para que quede constancia de los acuerdos adoptados, de las responsabilidades asignadas y de los plazos.

La reunión, para que no se convierta en un ladrón de tiempo se debe preparar. Sepa qué quiere comunicar y establezca un "**orden del día**" con los diferentes puntos que va a tratar.

Es recomendable enviar, con tiempo suficiente la convocatoria de reunión a los posibles asistentes indicándoles la fecha, el día, hora de inicio y de final prevista y lugar, los objetivos o motivos de la reunión así como un orden del día.

Mientras más preparados asistan a la reunión más fructífera será.

Prepare la documentación que entregará, si es necesario y la presentación que realizará. Improvise lo justo (una buena improvisación requiere de muchas horas de preparación). Churchill decía que se pasaba toda la noche preparando la improvisación del discurso del día siguiente.

Listas de comprobación

Preparación:

- Procure que exista un orden del día bien definido
- Tenga claros los objetivos
- Intente que los participantes también se preparen la reunión
- Envíe una carta de convocatoria y que confirmen su asistencia
- Tenga claro de qué hablará

Organización y participación

- La reunión debe de comenzar a la hora prevista
- Siga el orden del día previsto.
- Procure no salirse del orden establecido
- Controle las interrupciones (móviles, tabletas,..).
- Resuma y concrete los aspectos importantes
- Fomente la participación
- Cree un clima de trabajo positivo
- Fomente la colaboración y el trabajo en equipo
- Haga su presentación interesante
- Intente que todos los asistentes participen. No solo los de siempre.

Acuerdos

- Consiga la cohesión y el compromiso de las personas implicadas.
- Defina claramente los acuerdos adoptados
- Defina claramente Qué hay que hacer, Cuándo, Quién y Cómo
- Termine a la hora prevista
- Resuma los acuerdos adoptados, los objetivos, plazos y compromisos.

¿Cómo tratar las diferentes tipologías personales?

Tanto en las reuniones como en los equipos de trabajo, podemos encontrarnos algunos roles característicos que conviene reconocer para saber cómo actuar.

El que todo lo sabe

Es un personaje que se caracteriza porque quiere imponer su opinión a todos. Puede que efectivamente sea una persona "muy preparada" y bien informada, pero cuidado, en este grupo se incluyen también muchos charlatanes y "figuras" de pies de barro. El tratamiento que corresponde adoptar con estos personajes es el de detenerles mediante preguntas difíciles, no permitiéndoles que dominen la reunión, y tratando de reforzar la confianza del grupo para que sea éste quien le frene. No defenderle del ataque de los demás y permitir que el grupo responda a sus teorías. La técnica de las preguntas rebote o reflector al grupo son muy oportunas: "He aquí un punto de vista muy interesante. Veamos lo que piensa el grupo".

Al que le gusta discutir

Es aquel que le gusta discutir por discutir. Le encanta llevar la contraria a todos, y en especial al Jefe. Con este personaje conservar la frialdad y no dejarse enredar. Es un experto discutidor y tiene las de ganar. Evite que monopolice la reunión y que acapare toda la atención discutiendo. Y si pretende seguir discutiendo señalarle que seguiremos hablando en otro momento. No debemos caer en la trampa de la discusión porque si no tenemos un verdadero control emocional podemos llegar a perder la compostura y mientras usted discute con el discutidor, el resto del equipo le está observando.

El que se opone a todo

No es exactamente un discutidor aunque se le parezca. Este lo que intentará es enfrentarse al líder y no discutir por discutir. Con el opositor tenemos que intentar efectuarle preguntas para clarificar el problema. No responder lo primero que se nos ocurra. Intentar que demuestre con argumentos cuáles son sus ideas o propuestas para que caiga en sus propias trampas y contradicciones.

El callado o el tímido

Son aquellas personas que tienen ideas, y a veces muy buenas, pero les cuesta formularlas y sobre todo les cuesta hablar en público. Tenemos que fomentar su participación mediante preguntas fáciles para que vayan tomando confianza y puedan hacer sus aportaciones en un clima propicio.

El pedante o altivo

Puede pensar que, debido a sus conocimientos, estudios o posición, está "por encima" de los demás. Tal vez podamos aprovechar sus aportaciones siempre y cuando procuremos que no acapare continuamente la reunión. A veces, en el país de los ciegos el tuerto puede parecer el Rey.

El locuaz

Le encanta hablar y suele hacerlo muy bien. Presta atención a lo que dice y suele tener cuidado por expresar bien sus ideas aunque pueden llegar a ser algo lentos y "pesados". Conviene limitar sus intervenciones en cuanto al tiempo para no aburrir al resto de participantes.

El "cabezota"

Es la persona con "ideas fijas" y tiene la manía de repetir sus tesis una y otra vez aunque se las haya desmontado en repetidas ocasiones. No le gusta escuchar las opiniones de los demás. Mientras los demás hablan esta persona ya está pensando lo que va a decir por lo que intentar convencerles es muy difícil. Podemos intentar aprovechar algunas de sus ideas, siempre que sean interesantes, para demostrar que entendemos sus inquietudes y las tenemos en cuenta.

El parlanchín

Habla por hablar. Ya sea del tema a tratar o de otros temas aprovechando cualquier excusa. Suelen cambiar de tema con facilidad por lo que conviene reconducirles continuamente para evitar distracciones.

El positivo

Suele estar de acuerdo con nuestras ideas y es el primero en apoyarnos. Debemos permitirles que se expresen ya que pueden sernos de gran ayuda.

Otros posibles roles; el bromista, la tortuga (necesita empujones), la estrella (le gusta llamar la atención y brillar), Nerón (le encanta dar órdenes), etc..

¿Podría definir los diferentes roles de los componentes de su equipo?

La reunión de las 8 de la mañana.

Rudolph Giuliani, ex alcalde de la ciudad de Nueva York, es un acérrimo defensor de la reunión matutina.

En una organización compleja como puede ser el ayuntamiento de esa ciudad como en una gran empresa, la planificación es muy importante. Por ese motivo Giuliani se reunía todos los días a las 8 de la mañana a los miembros principales de su equipo (entre 15 y 20 personasl) para hablar sobre los acontecimientos del día anterior y para planificar el presente.

Durante unos 45 minutos, cada asistente informaba sobre las cuestiones de su departamento. La duración no solía ser superior a una hora.

> *"La reunión matutina era el núcleo de mi forma de gestionar, pero sobre todo, cargaba nuestros hombros de responsabilidad"* (R.Giuliani. Liderazgo. 2002).

Este tipo de reuniones sistemáticas y rutinarias pueden llegar a convertirse en una trampa y acabar siendo una pérdida de tiempo si los participantes no tienen claro lo que se espera de ellos.

Pero también permite planificar las diferentes actividades que se van a realizar ese día. Es un sistema óptimo para planificar objetivos a corto plazo y cuyos resultados podremos ver también a corto plazo. No se trata de mantener una reunión para hablar de filosofía sino para determinar qué actividades se deben realizar. Giuliani decía al respecto que *"se trata de un sistema recíproco. Tan seguro es que ellos me van a ver a mí como que yo los veré a ellos"*.

MOTIVACIÓN

Algunas personas no alcanzar sus objetivos, tanto personales como profesionales, y no ponen "toda la carne en el asador" por falta de motivación. Esas personas podrían lograr buenos resultados y conseguir lo que se propusieran con una motivación adecuada.

También hemos visto a deportistas con limitaciones físicas que han realizado grandes proezas gracias a una fuerte motivación y creencia en el objetivo.

La motivación, lo es todo. Por ello, como mandos, debemos conocer las bases en las que se fundamenta la motivación y así poder aplicarlas a nuestros colaboradores.

Sin duda alguna, todos hemos conocido a personas con un potencial extraordinario que abandonan un trabajo o cuando estaban a punto de conseguir un objetivo debido a la falta de motivación.

La motivación es una herramienta que debe beneficiar a las dos partes y no interpretarla solo como una manera de manipular la conducta de un individuo para que alcance una determinada meta.

Definiciones:

Proceso que origina, estimula y direcciona voluntariamente los comportamientos hacia la realización de objetivos.

Todo lo que influye en el comportamiento cuando se desea obtener un resultado.

Detrás de un determinado comportamiento se suele encontrar una necesidad o deseo. La mayoría de psicólogos coinciden en que toda conducta es motivada. Cuando analizamos el comportamiento, debemos intentar averiguar qué necesidad o deseo precisa satisfacer. Sin embargo no es sencillo conocer por qué las personas hacen lo que hacen.

Los motivos no pueden visualizarse pero sí el comportamiento.

Las personas actúan en un determinado sentido guiadas principalmente por la Necesidad, la Conducta y el Objetivo.

Si una persona desarrolla una conducta y consigue el objetivo será una persona "satisfecha" mientras que si no lo consigue será una persona "frustrada".

Cuando un bebé llora, observamos su comportamiento pero en realidad desconocemos el motivo o los motivos por los que lo hace. Tal vez nos está comunicando que tiene hambre o que tiene frío. La madre o el padre que conocen bien a su bebé, podrán adivinar rápidamente qué motivó el llanto o comportamiento.

Una necesidad desencadena un motivo que a su vez se manifiesta mediante un comportamiento. Ese comportamiento provocará una o varias consecuencias. Estas consecuencias, a su vez proporcionarán satisfacción o insatisfacción lo que producirá una retroalimentación para que el comportamiento o la conducta se repitan o desaparezcan.

Si cada vez que el bebé llora, acapara la atención de la madre o el padre, esto reforzará su comportamiento.

Necesidad-Motivo-Comportamiento-Consecuencia-Satisfacción o insatisfacción-Retroalimentación-Vuelta al inicio

A.L.Williams (2002) cuenta en su libro "Cómo superarse a sí mismo" un par de anécdotas:

Una mujer se acercó a un famoso violinista y le dijo "Daría mi vida por tocar como usted". A lo que el violinista respondió ¿Y qué cree que es lo que he hecho?".

En otra ocasión una persona le dijo al famoso jugador de golf Gary Player "Daría cualquier cosa por golpear una pelota de golf como usted". El jugador, que ese día se encontraba algo cansado y frustrado le replicó al espectador "No haría usted nada de eso. Daría cualquier cosa por golpear la pelota de golf como yo lo hago si fuera algo fácil. ¿Sabe usted lo que tiene que hacer para golpear la pelota de golf como yo? Pues tiene que levantarse a las 5 de la mañana, acudir al campo y golpear mil pelotas. Y cuando le empiece a sangrar la mano, regresa al club, se limpia la sangre, se pone una venda y después regresa al campo y golpea otras mil pelotas. Eso es lo que se tiene que hacer para golpear una pelota de golf como yo."

Donde haya voluntad encontrará un camino.

Hay personas que buscan continuamente factores motivacionales externos. Esperan a que venga alguien y les motive. Lo mismo sucede en los cursos de formación. La gente espera que les demos la receta para que estén motivados. Y lamentándolo mucho, las cosas no funcionan de esta manera. La motivación está en el interior de cada uno. Usted decide qué le motiva y qué no le motiva. Pero no espere a que venga alguien y con una varita mágica le motive. Puede ser que de todas las cosas que pueda decir en una conferencia sobre motivación a usted le motive una en concreto y a su compañero le motive otra. Somos diferentes y nos motivan cosas diferentes.
Pero además la motivación debe de ser sostenida en el tiempo y unida de alguna forma a una meta u objetivo. Puede que después de leer un libro de autoayuda o de asistir a una conferencia usted salga motivado. Pero si no orienta esa motivación hacia un objetivo concreto, su motivación durará muy poco.

Algo parecido ocurre con la dirección de equipos. Podemos proporcionarle, con este libro, algunas pautas, estructuras, modelos, recetas, pero si usted no decide ponerlas en práctica no funcionarán. Solo habrán servido como una distracción temporal.

> *"La clave de la productividad japonesa es el entusiasmo e involucramiento del trabajador en sus tareas."* (William Ouchi, autor de "La teoría Z").

Los héroes de la central nuclear de Fukushima:

De la misma manera que durante la Segunda Guerra Mundial los pilotos kamikazes japoneses anteponían sus propios intereses a los de la comunidad, los conocidos como héroes de Fukushima actúan de una forma parecida. En este caso podemos hablar de "sacrificio" entendiendo por tal, poder llegar a alcanzar la etapa de autorrealización sin haber superado las etapas anteriores.

Por tanto, la forma de actuar de estas personas no se ajustaría al modelo de Maslow en tanto que uno de los requisitos es satisfacer sus necesidades primarias con la finalidad de garantizar la supervivencia. Ellos, sin embargo, estarían dispuestos a sacrificar sus vidas por el honor de garantizar las vidas de otras personas. Como definiría uno de estos héroes, "el sentido del deber" es lo que les impulsa a actuar de esta forma. A diferencia de las personas encargadas de controlar la catástrofe de Chernóbil, los de Fukushima son voluntarios.

Teorías. Algunas pinceladas:

Teoría de McClelland:

McClelland (1989) basa su teoría en que existen tres tipos de motivación o factores que motivan a las personas:

* Logro: Impulso por sobresalir y conseguir el éxito.
* Poder: Influir en los demás
* Afiliación: Colaboración, reconocimiento e integración.

Teoría de Maslow (1954):

La motivación es función de cinco necesidades psicológicas básicas: fisiológicas, seguridad, amor, reconocimiento y autodesarrollo. Es imposible motivar a un equipo de trabajo si sus necesidades básicas no están satisfechas.

La pirámide de Maslow establece 5 niveles de necesidades por orden de importancia y de forma jerárquica:

- Autorrealización
- Autoestima
- Sociales
- Seguridad
- Fisiológicas

Debemos satisfacer en primer lugar las necesidades situadas en la base de la pirámide (fisiológicas) y luego podremos satisfacer las demás, una por una. En último lugar estaría la Autorrealización o también llamada "felicidad". Ésta indica que todas las necesidades anteriores están cubiertas.

Cuando un individuo tiene cubiertas sus necesidades básicas (hambre, sed, fisiológicas, sueño, sexuales..), precisará cubrir las relacionadas con la seguridad (física, laboral, familiar, salud..). Cuando estas están cubiertas buscará cubrir sus necesidades sociales (pertenencia, asociación, amistad, amor). Si la persona ha conseguido la integración en el grupo, buscará satisfacer sus necesidades de autoestima (reconocimiento, prestigio, éxito). Por último, si todas las necesidades anteriores están satisfechas, buscará la de autorrealización o de felicidad plena.

En la sociedad actual, todas las marcas procuran demostrar a sus clientes que un determinado producto satisface más de una necesidad. Por ejemplo, un modelo de vehículo sencillo satisfará probablemente las necesidades básicas y tal vez las de seguridad, pero uno de lujo, además satisfará las necesidades sociales y de autoestima y para algunos, incluso las de autorrealización.

Mientras más necesidades sea capaz de satisfacer un producto, más elevado podrá ser su precio.

La aplicación directa a la motivación de los empleados es que para satisfacer o proporcionar motivos de satisfacción a los empleados, siempre deberemos tener en cuenta que es preciso satisfacer antes sus necesidades del nivel anterior.

Por ejemplo, en el caso del accidente en la central nuclear de Fukushima, para miles de habitantes de Fukushima, la catástrofe de la central nuclear representó un cambio importante en sus vidas. En muchos casos, independientemente de la posición alcanzada en la pirámide de Maslow, han tenido que volver a satisfacer prioritariamente sus necesidades primarias. Probablemente, algunas de estas personas ya habrían alcanzado la etapa de autorrealización. Sin embargo, ahora ven cómo deben centrar sus esfuerzos en satisfacer sus necesidades de alimentación o cobijo pasando a ocupar un lugar menos prioritario las necesidades secundarias.

Desde el momento en el que las autoridades decretaron el estado de emergencia nuclear, se empezaron a adoptar medidas encaminadas a paliar tanto los efectos del sismo como los provocados en la central nuclear. Esto implicaba satisfacer las necesidades básicas más primarias, desde procurar alimento a unas 45.000 personas desplazadas en un radio de 20km, distribución de iodo para limitar el cáncer de tiroides, atención a los heridos y enfermos o procurar alojamiento para que pudieran descansar y dormir. En esos momentos, los motivos relacionados con la subsistencia cobran mayor importancia. No importa lo alto que estuvieran en la pirámide. De un día para otro pueden volver al primer escalón esforzándose por lograr sobrevivir.

Esto implica reconstruir de nuevo su pirámide, peldaño a peldaño. Empezando por satisfacer las necesidades fisiológicas básicas, pasando a cubrir sus necesidades de seguridad, de sentirse seguros y protegidos para, a continuación, cubrir sus necesidades de afiliación y sentirse parte de un determinado colectivo. Satisfechas las necesidades de estos 3 peldaños, precisarán cubrir sus necesidades de estima y autorrealización, aunque estas últimas serán más difíciles de alcanzar, si es que logran hacerlo.

Teoría de Alderfer o Teoría ERG:

La motivación es función de tres estados básicos:

- Existencia. (Necesidades Fisiológicas y de Seguridad)
- Relación. (Sociales, Amor y autoestima)
- Crecimiento. (Autorrealización)

En contraposición a la teoría de Maslow, Alderfer considera que los tres tipos de necesidades no tienen por qué satisfacerse de forma jerárquica.

Teoría de las expectativas:

En general, las personas está motivadas cuando creen que pueden realizar las tareas encomendadas, que recibirán una recompensa por ello y que la recompensa compensará el esfuerzo. Esta teoría se basa en la fórmula de Victor Vroom (1966). En esta fórmula, indica que la motivación es el resultado de multiplicar tres factores:

$$M = \text{Valencia} * \text{Expectativa} * \text{Instrumentalidad}$$

Donde la Valencia indica el nivel de deseo de una persona por alcanzar un objetivo.
La Expectativa es la convicción que tiene el sujeto de que el esfuerzo dedicado producirá el efecto deseado.
La instumentalidad indica el juicio del sujeto de que el esfuerzo dedicado será valorado y recompensado.

Teoría de la motivación – Higiene (Herzberg)

El psicólogo Frederick Herzberg (1959) sugiere que el rendimiento en el trabajo depende directamente del nivel de satisfacción. Se diferencia de la teoría de Maslow en que la motivación se basa en factores externos y en la persona y no solo en las necesidades como Maslow.

A los factores motivacionales los denominó intrínsecos y extrínsecos a los de higiene:

Factores motivacionales (intrínsecos)
- Reconocimiento y autoreconocimiento
- Responsabilidad
- La realización personal o logro
- El trabajo en sí mismo
- Posibilidades de ascenso y progreso personal

Factores de Higiene (extrínsecos)
- Política de la empresa
- Administración
- Relaciones interpersonales (con superiores, con iguales, con subordinados)
- Condiciones de trabajo
- Supervisión
- Status
- El salario
- Seguridad en el puesto

La idea reside en eliminar las influencias negativas de los factores de higiene y reforzar los factores de motivación. Sin embargo, podemos aumentar solo los factores de higiene sin que ello provoque motivación.

Teoría de la Equidad. (Stacey Adams, 1963)

Indica que las personas comparan lo que hacen y lo que obtienen como recompensa con los demás, y evalúan si son justas. Si detectamos que no existe igualdad o que se produce una injusticia comparativa buscaremos la igualdad. Si estamos recibiendo lo mismo que los demás nos sentimos satisfechos y motivados para seguir adelante, de lo contrario nos desmotivamos debido a la sensación de injusticia percibida.

Teoría de la Modificación de la Conducta. (B. F. Skinner)

Para cambiar una conducta es necesario cambiar las consecuencias que se derivan de la conducta.
Los métodos para conseguirlo son:

- Reforzamiento positivo: Se refuerzan las conductas deseadas.
- Aprendizaje de anulación: La persona cambia su comportamiento para evitar las consecuencias indeseables
- Extinción: Se aplica la ausencia de reforzamiento
- Castigo: Obtención de consecuencias negativas

W.Clay Hamner propone algunas reglas para aplicar la teoría de la modificación de la conducta:

- No recompensar de la misma manera a todas las personas.
- El hecho de no responder también modifica el comportamiento.
- Indicar adecuadamente a las personas lo que deben hacer para obtener reforzamiento.
- Indicar con claridad qué están haciendo mal.
- No castigar ni humillar en público
- Sea justo y equitativo

Efecto Pigmalión:

O la profecía que se cumple así misma.
El experimento de Rosenthal describe muy bien este efecto. Rosenthal proporcionó a los profesores de una escuela, un listado de alumnos indicándoles que todos ellos tenían una capacidad superior al resto de compañeros.
Al finalizar el curso, los alumnos seleccionados obtuvieron mejores notas que los demás.
Ello fue debido al efecto Pigmalión en el que las expectativas que nos hacemos de un determinado individuo tienden a condicionarlo.

Los profesores tenían unas altas expectativas sobre estos alumnos a los que dedicaron más tiempo y esfuerzo y su percepción sobre el rendimiento era diferente a la real.

Si a un empleado le digo estúpido continuamente, probablemente acabe comportándose como un estúpido.
Las expectativas que tenemos sobre un individuo o un grupo pueden llegar a influir en su conducta y en su rendimiento.

A veces, las personas se comportan tal y como usted espera que se comporten.
En las relaciones de pareja, se intenta convertir al hombre o a la mujer en el ideal de perfección, que en ocasiones, solo se encuentra en nuestra mente.

En una ocasión se indicó a un grupo de estudiantes que tendrían la posibilidad de escuchar una clase magistral impartida por un reconocido profesor.
Al finalizar la clase, se pidió a los alumnos que cumplimentaran un breve cuestionario y dieran una puntuación. La nota promedio fue muy alta.

A otro grupo se le dijo que el profesor que tenía que impartir la clase magistral no podía venir y que en su lugar lo haría un profesor en prácticas por lo que les rogaban que tuvieran paciencia con él. La puntuación promedio fue bajísima.

Cabe destacar que el susodicho profesor era en realidad un actor y que se limitó a realizar su papel de forma idéntica en los dos casos.

Indefensión aprendida.

En los años 70, el psicólogo Martin Seligman desarrolló una teoría a partir de una serie de observaciones.

Descubrió que si sometía a un animal a descargas eléctricas sin posibilidad de escapar, el animal dejaba de intentar escapar o evitar las descargas. De alguna forma se rendía y había aprendido a dejar de luchar. Es lo que denominó indefensión aprendida. Si tenemos la percepción de que hagamos lo que hagamos no cambiará nada, entonces decidimos dejar de luchar.

Esta teoría también explicaría el comportamiento de muchos prisioneros, víctimas de abusos o maltratos.

"No vale la pena luchar porque haga lo que haga no servirá".

Por ejemplo, una persona que ha suspendido en su infancia de manera reiterada la asignatura de matemáticas aunque se hubiera esforzado, podría llegar a concluir que no está capacitado o dotado para esa materia.

En este caso, sus propias experiencias podrían llegar a condicionar de forma negativa su conducta y la forma de afrontar la asignatura. Así, podría pensar que como es incompetente en esta materia no es necesario esforzarse ya que de todas formas suspenderá.

Son curiosos los experimentos que se han realizado con profesores y alumnos para implantar la indefensión aprendida. Si un alumno se esfuerza por aprender matemáticas pero no logra superar ningún examen es probable que desarrolle una cierta indefensión aprendida. Por esta razón, en lugar de seguir practicando o aprendiendo con otros métodos, de desanimará y decidirá no estudiar porque no le sirve de mucho.

Si a un empleado sigue las normas, las recomendaciones y las reglas de una empresa pero solo producen fracasos tenderá a pensar que lo que él haga es aleatorio y que lo mejor será no hacer nada. El locus de control es externo no interno. De esta forma aprende a no defenderse y a quedarse en su jaula sin hacer nada. Pero lo más probable es que esté utilizando el manual equivocado. Si es así…cambié las reglas, cambie de manual y no se rinda.

La motivación y el dinero:

Ha sido frecuente considerar en el seno de las empresas que la motivación de los trabajadores gira únicamente alrededor del dinero, que se halla polarizada solamente en este factor, y no es cierto.

El dinero no tiene el mismo valor para todas las personas. Para unos es fundamental y básico y para otros siempre será poco.

Por este motivo, las personas necesitan dinero pero también valoran otras cosas que consideran importantes, además del dinero. Por ejemplo:

- Ser útil.
- Desarrollar un trabajo interesante.
- Obtener un desarrollo personal y profesional.
- Conseguir un prestigio, respeto entre sus compañeros y superiores.
- Adquisición de una posición social.
- Mantener unas relaciones personales positivas.
- Disfrutar de su trabajo.
- Disponer de unas condiciones adecuadas y seguras en su puesto de trabajo
- Contar con una cierta seguridad y estabilidad laboral y económica.
- Etc.

Es muy interesante destacar el estudio realizado por Theresa Amabile, profesora asociada de psicología de la Universidad de Brandeis.

En 1985 solicitó a una serie de escritores de las Universidades de Brandeis y de Boston que escribieran poesía. A algunos escritores se les indicaron razones para escribir, como por ejemplo, la recompensa económica, el prestigio ante sus profesores y compañeros y se les solicitó que elaboraran sus escritos con relación a esos factores motivacionales. Eran razones extrínsecas.

A otro grupo se le indicaron razones intrínsecas como la satisfacción de escribir correctamente, el placer, disfrutar, etc.

Un tercer grupo (control) no recibió ninguna lista de razones.

Los resultados del estudio demostraron que a las personas a las que se les dieron razones extrínsecas escribieron de forma menos creativa que los demás y la calidad de su trabajo, juzgada por 12 escritores independientes disminuyó.

Amabile argumenta que las recompensan pueden tener un efecto negativo cuando se trata de trabajos creativos. Mientras más compleja sea la actividad mayor será el daño causado por las recompensas extrínsecas.

Las recompensas extrínsecas pueden disminuir el interés intrínseco. Las personas que trabajan por dinero, aprobación o éxito competitivo, encuentran sus trabajos menos agradables y por lo tanto su nivel general es más bajo.

La clave, radica en cómo la persona experimenta una recompensa. Si únicamente observa su trabajo como una manera de conseguir algo, entonces difícilmente encontrará la actividad como interesante o valiosa.

Un ejemplo sencillo; una persona de la que se burlaban los niños de su barrió, ofreció pagarles a cada uno de ellos un dólar si venían cada x días para insultarle. Los niños volvieron al cabo de un par de días y "ejecutaron" su trabajo. Él les volvió a ofrecer el mismo trato pero en esta ocasión solo les ofrecía 25 centavos a lo que nuevamente aceptaron. Al tercer día les ofreció solo 5 centavos, oferta que los niños rechazaron porque ya no les motivaba.

Otra cuestión relacionada con el dinero ¿Cómo es posible que jugadores de fútbol que cobran cantidades astronómicas estén desmotivados? Se supone que si el dinero motiva estos deportistas deberían de estar motivados para vivir 2000 vidas. Pero, como ya hemos visto, el dinero no lo es todo. *"¡Hay tantas cosas en la vida más importantes que el dinero! ¡Pero cuestan tanto!"* (Groucho Marx.)

Tanto las recompensas como los castigos tienen un límite. Pasado el mismo, el efecto de la recompensa o del castigo se reduce.

Imagine que a un empleado le ofrecemos la posibilidad de incrementarle un 10% su salario a cambio de un 10% más de productividad. Podemos repetir esta operación varias veces con incrementos del sueldo un 10% a cambio de aumentos en la productividad ¿Quién se rendirá antes? Probablemente llegue a un nivel en el que el nivel de trabajo exigido no compense todos los incrementos salariales que le hemos dado.

Sin embargo Sam Walton, el fundador de Wal-Mart, llamaba asociados a sus empleados y opinaba que:

"Cuantas más ganancias comparta con sus empleados, más crecerán los beneficios de su empresa".
"¿Sabe por qué?", pregunta Walton: Porque la forma como la dirección trate a sus asociados es exactamente igual a la forma como ellos tratarán a los clientes. Y si los asociados tratan bien a los clientes, éstos volverán una y otra vez, y es allí donde realmente residen los beneficios de la empresa, no en forzar con publicidad cara a que entren a su tienda a extraños que sólo compran una vez. Satisfacción, lealtad y clientes fieles son el corazón de los espectaculares márgenes de Wal-Mart."

Cuidado con el Principio de Peter

"Toda persona asciende en una organización hasta alcanzar su propio nivel de incompetencia".
Una de las fórmulas que utilizan algunas empresas para "motivar" a los empleados es el ascenso.
Es probable que a algunos, el ascenso sea ciertamente motivador y sin duda, puede ser un factor motivador.
Pero si decidimos ascender a un excelente comercial a jefe de equipo, simplemente porque es muy bueno o porque lleva un cierto tiempo en la empresa podemos encontrarnos la desagradable sorpresa de que esta persona no esté capacitada para ocupar el nuevo cargo. Habremos perdido a un buen comercial a cambio de un pésimo jefe. En eso consiste el principio de Peter.

Tenemos que ascender a las personas en base a sus capacidades pero siempre teniendo en cuenta que reúne los requisitos para ocupar el nuevo puesto.

El concepto de progreso a veces está mal unido al concepto de ascenso. Una persona puede progresar perfectamente sin necesidad de ascender. El progreso va unido a la tarea o al trabajo y no solo al ascenso. También está relacionada con el autoconcepto personal.

Pero tampoco podemos ser tan ingenuos como para pensar que un empleado que cobra un salario paupérrimo e irrisorio va a participar con entusiasmo y motivación en el desarrollo de la empresa contribuyendo de forma positiva e innovadora. Evidentemente el salario es importante, pero una vez que está correctamente cubierto, el empleado necesita más cosas además de dinero.

Causas de la desmotivación:

Los signos más habituales que podemos encontrar en los trabajadores que pueden indicarnos que están desmotivados son los siguientes, si bien la lista podría ampliarse, suelen ser los más característicos:

- **Escasa productividad**
- **Mala calidad de trabajo.**
- **Despilfarro de materiales.**
- **Siniestralidad.**
- **Tensiones frecuentes entre sus compañeros y jefes.**
- **Críticas.**
- **Absentismo y retrasos..**
- **Actitud negativa a los cambios.**
- **Desinterés y despreocupación por el trabajo.**
- **Malas relaciones interpersonales con compañeros y superiores**
- **Desgana**
- **Poco interés en hacer propuestas o aportar ideas**

En general, las personas se sienten seguras cuando realizan un determinado trabajo siguiendo unos procedimientos aprendidos y realizando tareas en las que han podido demostrar su capacidad. El cambio implica modificar todo este proceso. La actitud negativa hacia el cambio comporta cierta inseguridad en el trabajo y ante la expectativa e incertidumbre de ¿qué pasará?.

Esta resistencia puede frenar la evolución de toda una empresa. Seguro que su experiencia le demostrará que esto es cierto. Cuando un equipo de asesores propone a una empresa que deben realizarse cambios, en general suelen encontrarse con ciertas resistencias iniciales, no solo por parte de los empleados sino por parte de mandos y directivos. Les estamos diciendo que deben hacer las cosas de forma diferente a como lo están haciendo y ello conlleva una pequeña pérdida de control en lo que hacían.

En este caso, el papel de mandos y directivos es fundamental para propiciar y ejecutar el cambio. Deben ser el ejemplo a seguir y proporcionar a sus colaboradores los instrumentos necesarios para ejecutarlo con garantías.

El proceso para realizar un cambio podría ser el siguiente:

- Dirección general decide el cambio
- Se reúne con los directivos para proponerlo
- Se reúnen con los representantes de los trabajadores para negociarlo
- Se comunica a los empleados
- Se forma a los mandos intermedios para que lo implanten
- Se ejecuta el cambio
- Se evalúa
- Se mejora
- Se implanta en otros departamentos y áreas

Si los mandos y directivos no están convencidos difícilmente podrán lograr que los empleados realicen un cambio.

Si el proceso para realizar el cambio no se ha efectuado correctamente, surgirán nuevos factores de desmotivación en los empleados pero si el cambio se ha conseguido con el esfuerzo y participación de todos, habrá podido servir para crear un espíritu de equipo y un mayor grado de cohesión lo que redundará en una mayor motivación.

El modelo de Prochaska y Diclemente (1982), **Modelo Transteórico del Cambio,** puede ayudarnos a entender las diferentes etapas de cambio. Este modelo contemplaba los cambios que una persona atraviesa en cualquier proceso de cambio:

- Etapa de Precontemplación
- Etapa de Contemplación
- Etapa de Determinación o preparación para la acción
- Etapa de Acción
- Etapa de Mantenimiento
- Etapa de Recaída

Por ejemplo, dejar de fumar puede ser un reto y un cambio importante en sus hábitos de salud.

La etapa de precontemplación es aquélla en la que el individuo no es consciente de tener un problema y surgen mecanismos de defensa ante cualquier posible modificación de su conducta.

En la etapa de contemplación, la persona empieza a ser consciente del problema y de los pros y contras de su comportamiento pero aun así no toma ninguna decisión al respecto.

En la etapa de preparación para la acción, empieza a ser consciente del problema y a cuestionarse si debería iniciar alguna acción concreta para cambiar.

En la etapa de acción ya ha tomado la decisión y está siendo activo en su cambio de conducta. Ya no hay excusas.

En la fase de mantenimiento (suele ser la más complicada) se instauran nuevos hábitos y dura al menos 6 meses.

La fase de recaída no siempre se produce. En el caso de una posible recaída no debe contemplarse como un fracaso. Solo como un error y debemos seguir adelante.

Como habrá observado, estas etapas o fases pueden producirse ante cualquier cambio que deseemos implantar en una organización y será normal que las personas atraviesen por las distintas fases que hemos mencionado.

Veremos a continuación algunas de las causas más habituales que dan lugar a la desmotivación con el fin de tratar de evitarlas:

- **La falta de reconocimiento de los méritos y esfuerzos realizados.**
- **El sentimiento de injusticia apreciada por el trabajador.**
- **Hacer promesas y luego no cumplirlas.**
- **La crítica delante de otros.**
- **La falta de interés del Jefe por sus colaboradores**
- **La debilidad en el mantenimiento de las normas y de la disciplina.**
- **La falta de apoyo en las situaciones necesarias**
- **El no definir con claridad las tareas o funciones a realizar.**
- **El inducir en el equipo sentimientos de fracaso o desconfianza.**
- **La parcialidad**
- **La dirección a capricho.**
- **El esquivar la responsabilidad en los momentos precisos.**
- **El mal humor, el descontrol.**
- **No cumplir lo que él/ella exige a su equipo**

¿Cómo motivar a los/as colaboradores/as?

La respuesta es clara: satisfaciendo los diferentes tipos de necesidades que tienen nuestros colaboradores. Con toda la complejidad que ello representa. Aun así, suele ser más fácil evitar desmotivar que motivar.

Sin embargo, resultará muy difícil motivar a lo demás si el líder no es capaz de motivarse así mismo. Por tanto, la primera de las fases es la automotivación y el autoconocimiento del líder.

> *"Si conoces a los demás y te conoces a ti mismo, ni en cien batallas correrás peligro; si no conoces a los demás, pero te conoces a ti mismo, perderás una batalla y ganarás otra; si no conoces a los demás ni te conoces a ti mismo, correrás peligro en cada batalla".* (Sun Tzu).

Para motivar a los colaboradores es un requisito previo conocerles en profundidad, saber qué es lo que necesitan y qué les puede "mover" para actuar en un determinado sentido. El conocimiento de los colaboradores nos permitirá realizar una motivación "a la medida" de cada uno. No caigamos nunca en el error de pensar que a todos motiva lo mismo o que a nuestros colaboradores les motivará aquello que nos motiva a nosotros.

Algunas necesidades que deberíamos intentar cubrir:

Las necesidades de realización y logro
Facilitar la posibilidad de efectuar sugerencias, aportaciones, innovaciones y el dar participación en la planificación y fijación de objetivos, en el análisis y resolución de problemas y en la toma de decisiones.

Las necesidades de reconocimiento

Por ejemplo, disponer de un ambiente de aprobación, el reconocimiento y aprecio de los superiores, los ascensos por méritos, la participación en beneficios, las felicitaciones personales o por escrito, las alabanzas públicas por ideas o aportaciones efectuadas y los premios extraordinarios (viajes) o inesperados o cualquier otro reconocimiento que se estime oportuno.

Las necesidades de responsabilidad

Libertad de actuación, la delegación de funciones, el acceso a determinado tipo de información, asignar nuevas responsabilidades,..

Las necesidades de crecimiento

Como son la formación, el desarrollo profesional, la promoción y la rotación interna. El crecimiento está relacionado con la percepción personal de mejora, como individuo, no solo como trabajador.

Posiblemente una de las herramientas más poderosas es la alabanza. A las personas les motiva que se reconozca sinceramente su trabajo y lo que hacen. No es suficiente con que el mando lo sepa y que el empleado también. Es necesario demostrarlo y hacer sentirse bien a la gente con lo que realiza. Las personas necesitan sentirse valoradas y lo mejor es implicarlas en la organización. Deben sentir que son partícipes de los frutos de la empresa.

Quizás para usted sea muy fácil realizar una determinada tarea que viene realizando de manera repetitiva desde hace años. Pero para una persona que empieza, tal vez, sea extraordinariamente difícil. Por ello, es muy importante reforzarle cada vez que lo consiga.
Y de la misma manera al empleado veterano. No pensemos que porque lleva mucho tiempo en la empresa y ya nos conocemos no necesita un reconocimiento periódico por el trabajo bien hecho.

Métodos como "Los círculos de calidad" (ver capítulo Equipos) o las "5 S´s" (ver capítulo gestión del tiempo) facilitan esta labor. Se pueden vincular algunas formas de reconocimiento con estos métodos.

Por ejemplo, se puede recompensar a un empleado (dinero, viaje, cena..) con motivo de su participación en un círculo de calidad que ha podido reducir los costes de producción y que ha aportado una idea o sugerencia valiosa.

Se pueden reconocer públicamente y recompensar los logros conseguidos por un individuo, equipo o departamento, realizar menciones en la revista de empresa, comida con alta dirección, valorar el trabajo realizado sirviendo como modelo o ejemplo, felicitaciones formales e informales, dar mayor protagonismo a estas personas en una determinada reunión haciendo que expliquen sus logros o ideas, dar un día de fiesta o una mañana/tarde libre, reconocer el esfuerzo aunque el resultado no haya sido el esperado o deseado, etc..

Todo ello sirve para reconocer la importancia del trabajo bien hecho y demostrar que todos podemos aportar algo.

Además, se crea un sano espíritu de competición y de mejora continua entre diferentes equipos y personas. La idea reside en conseguir que todas las personas, independientemente de su rango o cargo, son importantes y puedan aportar y sugerir ideas de mejora de las que podamos obtener una ventaja competitiva.

Pero además, se mejora sustancialmente la comunicación entre todo el personal, evitando que determinadas personas se queden "aisladas". Se comunican los avances y las mejoras. Los pequeños detalles son importantes y cualquier aportación es necesaria.

Las personas tienen que conocer el impacto de sus acciones en la empresa o el departamento si deseamos que aumente su grado de responsabilidad e implicación. Hacerles partícipes de información sobre la empresa, vaya bien o mal, suele tener un impacto positivo en su motivación personal y profesional.

Sea creativo tanto en los premios como en los castigos. Si alguien llega tarde, en lugar de descontarle el tiempo perdido puede ofrecerle un plus por puntualidad si durante un mes llega siempre a la hora, por ejemplo.

Muchas personas dicen que acuden a un determinado bar o discoteca por el "ambiente". Por algo será. Procure crear ambientes de camaradería y entornos favorecedores del trabajo. Nadie quiere trabajar en un rincón mal iluminado y con frío. Tenga en cuenta que a veces no nos fijamos en estos detalles y son los que pueden estar minando la motivación de un empleado.

Celebre en equipo los logros, promociones o cumpleaños de sus colaboradores. Estará fomentando un clima de trabajo positivo y un entorno amigable.

Sepa que lo que cuenta, suelen ser los pequeños detalles. Cuídelos.

Las personas valoran cada vez más los pequeños detalles, el ambiente de trabajo, la flexibilidad, la libertad, la seguridad, el diálogo, la comunicación,

Las empresas no pueden permitirse el lujo de tener empleados desmotivados. La motivación debe de ser cosa de todos ya que en definitiva, redundará de manera directa en la productividad, beneficios, ventas y cuenta de resultados.

Podemos tener empleados altamente cualificados pero desmotivados. Estas personas estarán atentas a ofertas de trabajo y la mirada puesta en el corto plazo. Si usted no les motiva, ya encontrarán quien lo haga tarde o temprano.

Se trata de retener el talento.

La motivación del empleado está estrechamente relacionada con vínculos afectivos personales y profesionales que le unen a la empresa.

Pero estos vínculos también se pueden deshacer en el sentido contrario. Por ejemplo, un comercial desmotivado que se marcha a la competencia y que puede tener unos lazos de amistad con sus clientes a los que también se llevará.

Tenga en cuenta todo lo que alguien puede llevarse si decide irse de su compañía.

Esfuércese por retener a los mejores y por conocer qué puede hacer para motivarles. No nos importa que los malos empleados se vayan a la competencia, pero sí que lo hagan los buenos.

El talento es difícil de encontrar. Pero a veces, reconocemos más fácilmente el talento de los demás que el de nuestros colegas o colaboradores.

Fundamentos básicos de motivación

Suele ser más fácil desmotivar que motivar. Algunas ideas básicas pueden servirnos para el propósito de motivar a nuestros colaboradores. Como señala Urcola Tellería (2003):

La motivación es un bien escaso y difícil que hay que aprovechar siempre que surja la oportunidad.

No todos los momentos son los más adecuados para intentar motivar. Hay que saber escoger el momento y lugar idóneos en función de la situación y de la persona. Así mismo, las oportunidades de motivación son escasas y hay que saber aprovecharlas. Por ejemplo, el cumpleaños de un empleado, un trabajo bien realizado, etc..

"Todas las operaciones empresariales pueden reducirse a tres palabras: gente, producto y utilidades. La gente es lo primero. Si no logra motivarla, no será mucho lo que pueda hacer con las otras dos". (Lee Iacocca, ex presidente de Ford y Chrysler)

No motiva a todos lo mismo. Cada persona tiene sus necesidades y motivaciones. Y no motiva a los demás lo que me motiva a mí.

Cada individuo es diferente y seguramente le motivarán cosas diferentes a las que a usted le motiva. A veces confundimos que lo que nos motiva a nosotros también tiene que motivar necesariamente a los demás.
Debemos conocer a nuestro equipo para saber qué les motiva y qué les desmotiva. Solo así podremos aplicar eficazmente las técnicas de motivación.

La fuerza de la motivación está en la propia automotivación.

Tan importante como los factores externos son los internos. Cada individuo debería buscar en su interior cuáles son los factores motivadores que le impulsan cada día a continuar.

No se motiva solo puntualmente.

La motivación no es una tarea puntual sino continuada. A veces, algunos directivos nos preguntan cómo pueden motivar a sus empleados. A su vez les suelo preguntar ¿Les ha motivado antes con algo? En ese caso, esperan una receta mágica que aplicándola les resuelva el problema. Siempre tenemos que estar atentos a la motivación de los empleados. Si no lo hacemos cuando nos demos cuenta puede ser demasiado tarde y costoso.

Tan importante como la motivación, es la no desmotivación.

Quizás uno de los aspectos más importantes. Son muchas las personas que además de no preocuparse por la motivación de sus colaboradores, introducen elementos desmotivadores externos.
Por lo tanto, tenemos dos problemas. No hacemos nada para mejorar y además desmotivamos. Por ejemplo, el hecho de decirle a un empleado que ha realizado un buen trabajo, tal vez no influya en su motivación de manera positiva, pero sí puede hacerlo en el caso de no decírselo.

No confundir la motivación con dar, regalar, consentir, tolerar y felicitar.

La motivación no tiene nada que ver con estos verbos. Usted podrá regalar o felicitar pero tal vez nada de eso acabe motivando a sus colaboradores.
Una sonrisa a tiempo, un reconocimiento, escuchar a un empleado en el momento en el que lo necesita o simplemente dar las gracias, pueden ser formas sencillas, económicas y eficaces de motivar.
Podemos comprar su tiempo, su presencia y su trabajo pero no podemos comprar su motivación ni su entusiasmo. Esto tenemos que conquistarlo.

Colin Powell decía "No hay líder que no cuide a su tropa". Frente a la palabra motivación, Powell prefiere la palabra inspiración. Argumenta que prefiere inspirar a sus colaboradores en lugar de motivarles y entiende que la motivación está asociada con la idea de "empujar" a las personas.

El concepto de inspiración es útil cuando entendemos que si podemos inspirar a nuestro equipo para que comparta nuestra visión, nos seguirán porque desean seguirnos ya que creen en lo que hacemos.

Ante todo, sea persona. Si quiere comunicar eficazmente y además dirigir bien a su equipo, compórtese como una persona. A lo mejor se preguntará que a qué viene este comentario. Muy sencillo. Algunas personas se "**disfrazan**" de directivos y ejercen su "papel" olvidándose de ser personas. Es típico en directivos que tienen miedo a perder el control y sobre todo de personas inseguras. Sea persona y trate a los demás como a personas. Pocas cosas motivan más que esta sencilla receta.

Desarrollo Organizacional

El desarrollo profesional en las organizaciones, o Desarrollo de los Recursos Humanos (DRH) puede ser una buena herramienta para motivar a los empleados.
Algunas de las perspectivas más conocidas son las siguientes:

Perspectiva del DRH como aprendizaje.

Corriente funcionalista y positivista. Origen: EEUU.

Según Swanson y Holton (2001), pueden establecerse tres ramificaciones:

1) Aprendizaje individual.

> 2) Aprendizaje basado en el desempeño.
> 3) Sistema de aprendizaje integral.

Principios básicos:

> - La educación individual, el crecimiento, el aprendizaje y el desarrollo son inherentemente buenos para el individuo.
> - Las personas deben ser evaluadas por su valía como personas, no sólo como recursos para conseguir un resultado.
> - El propósito primordial del DRH es el desarrollo de la persona.
> - El resultado fundamental del DRH se centra en el aprendizaje y el desarrollo.
> - Las organizaciones óptimas son aquéllas que tienen a sus empleados desarrollados por completo.
> - Los individuos deben controlar su propio proceso de aprendizaje.
> - El desarrollo del individuo debe ser holístico.
> - La organización debe proporcionar a las personas la posibilidad de hacer realidad su potencial por medio del trabajo.
> - Poner el énfasis en el desempeño o en los beneficios organizativos crea una visión mecanicista de las personas que impide que alcancen su pleno potencial.

Desde una perspectiva orientada al aprendizaje, Watking (1995) define el desarrollo de los RRHH tanto como una disciplina de estudio y el área de práctica profesional que se ocupa de desarrollar la capacidad de aprendizaje tanto a nivel grupal como colectiva. Por tanto, según esta perspectiva, permitirá aumentar la capacidad de las personas para aprender promoviendo en las organizaciones una cultura orientada hacia el aprendizaje consciente.

Perspectiva del DRH como desempeño.

Corriente funcionalista y positivista. Origen: EEUU.
Existen dos aproximaciones:
- La mejora individual del desempeño.
- La mejora de los sistemas integrales de desempeño.

Principios básicos:

> - El desempeño se contempla de manera amplia y como algo natural, algo que no es opcional, y por tanto las personas que trabajan en una organización deberán inevitablemente orientar su desempeño a los resultados de la organización.
> - El propósito último del DRH es mejorar el desempeño del sistema u organización en la cual tiene lugar y que le proporciona los recursos necesarios para ello.
> - El resultado primordial del DRH no es sólo el aprendizaje sino también el desempeño.
> - El potencial humano en las organizaciones debe ser cultivado, respetado y desarrollado.
> - El DRH debe mejorar el actual desempeño y mirar hacia el futuro, construyendo los cimientos necesarios para conseguir un alto rendimiento de manera sostenible.

- Los profesionales del DRH tienen la obligación ética y moral de asegurar que no se imponen metas abusivas a los empleados.
- Las actividades de formación y aprendizaje no pueden separarse y deben incluirse entre las intervenciones para la mejora del desempeño.
- La mejora en el desempeño individual y la mejora en el desempeño de los sistemas son beneficiosos tanto para la persona como para la organización.
- El objetivo de los sistemas de mejora del desempeño es aumentar el valor del aprendizaje en una organización.
- El DRH debe ir en línea con las metas de los departamentos organizativos para conseguir objetivos en términos de desempeño.
- La transferencia del aprendizaje en el desempeño en el puesto es de vital importancia.

La perspectiva orientada al desempeño, ya fue expresada tanto por Swanson (1995) como por Kuchinke (1998). Parten de la base que el desempeño pretende lograr los resultados/objetivos siendo estos el eje de actividad. De hecho, Holton (citado en Chalofsky, 2001) emplea la palabra sistema de desempeño definiéndolo como el diseñado para lograr una misión o propósito.

Aunque las dos aproximaciones siguen teniendo vigencia, podríamos decir que ha ido cobrando fuerza tanto a nivel teórico como práctico la perspectiva del DRH como desempeño, en especial a partir de los años 90.

Perspectivas emergentes: construccionismo y DRH.

Según Garavan et al. (2007), en la actualidad existirían cuatro líneas teóricas del DRH:

> 1) Funcionalista
> 2) Constructivista/construccionista social
> 3) Postmoderna
> 4) Crítica

Funcionalista: "Desde esta perspectiva los objetivos y funciones de la empresa no se deben formular desde su organización como sistema cerrado, sino en términos de su relación con el entorno. La empresa no es una masa o un estado que se puede conservar haciéndola «funcionar» como sistema cerrado, sino solamente como relación con el entorno, es decir, con el mercado, la tecnología, las relaciones sociales e institucionales. En consecuencia, la función de cada trabajador en la organización debe entenderse no sólo en su relación con el entorno de la empresa, sino que él también constituye subsistemas dentro del sistema empresa, donde cada función es el entorno de otra." (Mertens, L., p.75, 1996).

Constructivista/construccionista social: Este enfoque parte de las relaciones existentes entre los grupos y su entorno, y entre la formación en el empleo.

Los esfuerzos posteriores se dirigen hacia la identificación y descripción de las competencias requeridas para cada puesto de trabajo, debiéndose realizar de forma participativa tanto por trabajadores como por empresarios, pues cada participante puede tener una visión e interpretación diferente, con lo que se obtiene una mayor riqueza conceptual. (Mertens, L., 1996)

Postmoderna: Como señala Sisto Campos (2004), "las Teorías Organizacionales fundadas Postmodernamente surgen antes que nada como una respuesta a las Teorías Organizacionales de carácter más Funcionalista y Cognitivo". Emergen, en parte como críticas a los modelos anteriores. En este sentido, la gestión del talento o la gestión del conocimiento formarían parte de estas nuevas teorías orientadas tanto al desarrollo de los individuos como de las organizaciones.

Campos aboga por la Gestión del Social del Conocimiento dentro de la corriente postmoderna; conocimiento organizacional, aprendizaje organizacional, conocimiento socialmente distribuido y gestión por competencias. Sostiene que la principal ventaja competitiva para las empresas es el conocimiento organizacional (intengible y variable). Este conocimiento fluye y permite una rápida respuesta ante los contextos postmodernos en los que se mueven las organizaciones.

Por tanto, el conocimiento no está en mentes individuales sino en relaciones sociales. Los individuos son considerados fuentes de acción y el mundo postmoderno no puede ser administrado por técnicas funcionalistas y/o cognitivas.

Los planteamientos que ahora llamamos postmodernos ya lo fueron también en los años 80. Por ejemplo, las propuestas de Dessler (1988) eran una ruptura entre la concepción tradicional y la que comienza a cristalizar en los 80, girando las diferentes corrientes entorno a la motivación de los empleados así como el diseño de acciones para promoverla.

También las propuestas de Schuler y Huber eran consideradas postmodernas en los 90. Las funciones y actividades de los recursos humanos perseguían tres objetivos; atraer, retener y motivar a los trabajadores. Estos objetivos estaban alineados con la productividad y la calidad de vida laboral.

Perspectiva Crítica: "estos enfoques siguen siendo la búsqueda de una pequeña minoría" (Garavan, Th. N., O'Donnell, D., McGuire, D., y Watson, S., p.3, 2007).

GESTIÓN DEL TIEMPO

Como bien sabe, el tiempo es un recurso limitado que debemos saber aprovechar.

Einstein tenía razón; el tiempo es relativo. Si realizamos una tarea que nos gusta el tiempo parecerá transcurrir más rápido que si realizamos una tarea desagradable.

Gestionar adecuadamente el tiempo de una persona puede ser la diferencia que le haga ser más competitiva y eficiente. Gestionar el tiempo es sobre todo gestionarnos a nosotros mismos, gestionar los imprevistos y saber trabajar en lo importante. El día seguirá teniendo 24 horas tanto para usted como para el Presidente de los Estados Unidos. No es una cuestión de trabajar más si no de trabajar mejor aprovechando adecuadamente el tiempo disponible. No me diga cuántas horas trabaja, sino lo que consigue hacer durante las horas en que trabaja. No es una cuestión de cantidad si no de calidad.

Gestionar el tiempo no significa trabajar más o producir más. Se trata de optimizar el tiempo para hacer aquello que deseamos, siendo nosotros los que tengamos el control y no al revés.

Tampoco es razonable creer que la gestión del tiempo es una cosa exclusiva del mundo laboral. Muy al contrario. Gestionar el tiempo implica también gestionar nuestro tiempo libre. Si trabajamos de una manera más organizada y bien planificada podremos realizar aquéllas tareas que nos interesan, sean estas actividades laborales o de ocio.

Podemos gestionar nuestro tiempo de trabajo para terminar a una hora determinada y poder dedicarnos a disfrutar de nuestros intereses. Como ve, gestionar adecuadamente el tiempo nos puede hacer más felices.

En algunos casos usamos el tiempo y en otros simplemente lo gastamos.

Para un mando o directivo la gestión del tiempo es fundamental, pero difícilmente podrá gestionar el tiempo de los demás si no sabe gestionar su propio tiempo. Por ello es necesario aprender a utilizarlo y enseñar a los componentes del equipo a hacerlo. Como todo, es una cuestión de hábitos, aunque éstos pueden ser buenos o malos. Si no controlas tu tiempo, el tiempo te controlará a ti.

Edison, Napoleón o Churchill aprovechaban al máximo su tiempo incluso con el sueño. Churchill solía dormir en turnos de 4 horas. Se acostaba sobre las 10 de la noche, se levantaba a las 2, trabajaba hasta las 5 y volvía a dormirse hasta las 7-8 de la mañana.

> *"Cuántas noches pasé sin dormir preparando la frase que iba a **improvisar** a la mañana siguiente en el Parlamento"*
> *(Winston Churchill)*

Thomas Edison, inventor: "Soy capaz de dormir como un insecto en un barril de morfina a la luz del día".

Estas pausas les permitían que, cuando trabajaban, fueran muy productivos y creativos ya que no acusaban el cansancio.

No es lo mismo trabajar 8 horas seguidas que trabajar 2 horas, descansar, trabajar otras dos horas, descansar. Durante los tiempos dedicados al trabajo el rendimiento es mayor al no estar tan cansados.

Algunas empresas incluso ofrecen la posibilidad de hacer la siesta a sus empleados con salas de descanso especialmente habilitadas.

Una siesta de 15-20 minutos ayuda y mejora las condiciones cognitivas así como la atención y concentración. En algunos casos, está demostrado que puede incluso reducir la siniestralidad laboral, ya que muchos accidentes están asociados con la falta de sueño.

En cualquier caso, gestionar el tiempo nos va a permitir centrarnos en lo importante y no "perderlo" por causas que no podamos controlar o incluso, por nuestra propia culpa. No es lo mismo perder el tiempo que dejarlo pasar.

Causas de la falta de tiempo

Podríamos agrupar las causas como **propias** o **externas**. Entre las causas propias destacan; la falta de definición de objetivos, no tener claras las prioridades del puesto, la actividad descontrolada, no delegar, aceptar las interrupciones, atender a los empleados, clientes o proveedores en cualquier momento, no disponer de un programa de trabajo, o cumplir con el programa acordado, no saber realizar el trabajo, el desorden, la desmotivación, intentar abarcar demasiado, etc..

Observará que estas causas, si logramos invertirlas, le estarán dando las claves sobre lo que hay que hacer. Es decir, defina claramente sus objetivos, determine las prioridades de su puesto, controle su actividad...

Pero también existen causas ajenas a nosotros que pueden afectarnos en el control del tiempo. Serán todas aquéllas que no dependen o pueden ser imputables a nosotros, como la asistencia a reuniones que no han sido bien planificadas, el correo electrónico, la burocracia, las visitas inesperadas, llamadas de teléfono, errores de terceros, desorganización de terceros, poca o mala calidad de la información recibida, entre otras.

Todas ellas pueden convertirse en los famosos "ladrones de tiempo" que nos roban minutos de nuestro tiempo disponible que acaban siendo horas.

Para enfrentarnos a los ladrones de tiempo la mejor técnica es evitarlos y sobre todo aprender a decir "NO".

> *"Según un antiguo refrán, la palabra más difícil de pronunciar en inglés es NO. Pero mi opinión es distinta. Decir NO termina la situación, sin embargo, decir SÍ conlleva tareas, compromisos y responsabilidades adicionales. Por ejemplo, cuando acepto decir un discurso ante un grupo, he tomado una ruta más difícil que si hubiera declinado. Si digo NO a una solicitud para financiar una iniciativa, mi trabajo ha terminado. Si digo sí, debo emprender la tarea de encontrar los recursos. Los líderes deben considerar también los efectos de una respuesta en las relaciones de trabajo. Si un líder responde afirmativamente el 95% del tiempo, su gente aceptará de inmediato el hecho de que éste ha considerado cuidadosamente su solicitud antes de responder negativamente. Nunca digo no hasta que investigo el asunto y estudio todas las alternativas. Hasta hoy, aún me asombra que en la mayoría de las veces puedo decir sí si investigo un poquito y asumo un compromiso personal."(General de División R.Lorenz. USAF)*

Todos conocemos a personas que son verdaderos ladrones de tiempo. Son capaces de parar nuestra actividad y no solo en la vida profesional. Una amiga o un amigo que le cuenta su vida con todo lujo de detalles sin importarle lo más mínimo de si es interesante o no para usted. Le hace perder su tiempo y nunca podrá devolvérselo. Sea capaz de decir **NO** a estas pérdidas de tiempo. Solemos ser demasiado tolerantes con este tipo de ladrones. Una cosa es perder el tiempo y otra que nos lo roben.

Solemos caer en la trampa de la urgencia y a veces, lo que es urgente para otros nos lo venden como que es urgente para nosotros. Tenemos que distinguir para quién es urgente y no caer en la trampa de la delegación hacia arriba que se produce cuando un empleado que no sabe o no quiere realizar su trabajo nos lo pasa con la excusa de la urgencia.

Distinga entre importante y urgente. Una tarea puede ser importante pero no urgente, importante y urgente, no importante y no urgente, no importante y urgente. Antes de actuar analice a qué situación pertenece y actúe en consecuencia. Por ejemplo; las tareas importantes pero no urgentes debemos hacerlas pero quizás en otro momento, las tareas importantes y urgentes exigirán la máxima prioridad, las no importantes y no urgentes se podrán aplazar y las no importantes pero urgentes se podrán asignar a otra persona.

Evidentemente, usted deberá definir qué hacer con cada una de las situaciones anteriores. Lo expuesto era solo un ejemplo.

Si usted define con antelación qué hacer en cada uno de los casos cuando se presente una tarea urgente e importante sabrá qué debe hacer de manera inmediata. No tendrá que perder tiempo en pensar qué hacer.

Es como tener preparado un "plan de contingencias" que resuelve la cuestión de "qué haremos en el caso de...". Quizás no suceda nunca esa posible situación pero si sucede sabremos qué hacer.

Algo parecido a lo que utilizan los pilotos de avión. Imagine que en pleno vuelo se encienden una serie de luces que alertan de un posible peligro. Muchos pilotos tienen un manual de contingencias en el que se explica cómo deben actuar de forma protocolarizada en esa situación. Eso es posible gracias a que expertos en la materia estudiaron con antelación la mejor forma de solucionar el problema para que en caso de presentarse, los pilotos pudieran actuar en consecuencia y sin pérdida de tiempo.

Cuando la situación es urgente e importante, no tenemos demasiado tiempo para pensar.

Leyes generales relativas al tiempo

Algunas de las leyes más conocidas relativas a la gestión del tiempo.

La ley de Pareto o ley 20/80

"El 20% del tiempo de trabajo de una persona contribuye al 80% de los resultados y viceversa".

Las cosas importantes suelen requerir poco tiempo mientras que las que no lo son consumen demasiado tiempo. En general, solo un 20% de nuestro tiempo es realmente productivo. Por ello, debemos tratar de distinguir de forma permanente lo esencial de lo accesorio. Tenemos que dedicar tiempo para lo principal a costa de lo secundario.

Llevándolo hasta un extremo Sturgeon, un escritor de ciencia ficción decía "El noventa por ciento de todo es basura".

La ley del criterio ABC

"Una pequeña parte del tiempo de trabajo produce la mayor parte de los resultados - Tareas A".

Las tareas A son las que tienen una mayor interés ya que dedicándoles poco tiempo obtenemos los mejores resultados.

Las tareas B serían las urgentes e importantes-no urgentes, mientras que las tareas C serían los no importantes ni urgentes por lo que sería igual no ejecutarlas.

Las leyes de Parkinson (1957)

a)   "Todo trabajo se dilata indefinidamente hasta llegar a ocupar la totalidad del tiempo disponible para su completa realización".

b)   "El tiempo invertido en un trabajo varía en función del tiempo disponible".

Debemos establecer plazos en función del tiempo necesario y no del disponible. Hay que asignar un tiempo suficiente, pero no excesivo.

De aquí también se deduce la Ley de ocupación de los espacios vacíos. Por mucho espacio que tenga en una oficina acabará ocupándolo todo. Por muchas habitaciones que tenga su casa seguro que acaba llenándolas.

Leyes de Carlson

a)   "Todo trabajo interrumpido es menos eficaz y consume más tiempo que si se realiza de manera continua".

El tiempo que requiere una tarea crece en proporción al número de veces que la hemos interrumpido y reanudado. A tales efectos, es preciso limitar todo tipo de interrupciones externas.

b)   "Programar y realizar una tarea larga supone dificultades muy superiores a las que plantea una corta".

En cualquier momento podemos firmar una carta, dedicar unos minutos a una visita imprevista, o hacer una llamada telefónica. Estas actividades hacen muchas veces que se demoren en exceso las tareas largas, y sobre todo, que no realicemos los proyectos "importantes".

Ley de Illich o ley de la productividad negativa a partir de cierto Umbral.

"Después de un cierto número de horas, la productividad del tiempo invertido decrece primero y se hace negativa después".

Llega un momento en el que después de muchas horas de trabajo, inevitablemente la productividad empieza a decaer por motivo del cansancio físico o psíquico.

Ley de Swoboda o ley de los ritmos biológicos

"Cada persona está sometida a múltiples ritmos biológicos que deben ser tenidos en cuenta en la programación de nuestras actividades".

Cada persona tiene momentos más o menos productivos. Conocerlos es bueno con el fin de optimizar la gestión de nuestro tiempo

Ley de Fraisse o ley de la dimensión subjetiva del tiempo

"El tiempo tiene una dimensión objetiva y una dimensión subjetiva o psicológica, que es función del interés sentido por la actividad ejercida".

Cuanto más se fragmenta una actividad más tiempo parece durar.

Cuanto más interesante es una actividad, más breve parece.

El tiempo de espera siempre resulta demasiado largo.

Ley del valor económico del tiempo

"Establecer el valor de cada hora de trabajo propia (coste hora) es una información útil que nos aporta lo que cuesta el tiempo perdido o improductivo".

Saber el precio de coste de nuestra hora de trabajo es un dato que todo trabajador debería disponer con el fin de utilizarlo con el sentido más productivo posible.

Muchas de las pérdidas habituales de tiempo se deben a la propia estructura de la organización y los sistemas y métodos de trabajo empleados. Nos podemos encontrar con tareas duplicadas y repetidas por otras personas desperdiciando un tiempo muy valioso. Debemos centrar nuestra atención en estos aspectos para evitar que la propia organización sea una fuente de pérdida de tiempo.

En algunas empresas, una misma actividad se realiza de manera diferente en cada delegación o sucursal debido a que no existe una metodología bien definida por parte de la empresa.

Técnica 5 S´s

Una técnica que podemos utilizar para evitar pérdidas de tiempo es el método de las 5 S´s, un sistema japonés que se fundamenta en 5 principios básicos:

---

1. **Selrl**: **Organización**: diferenciar entre los elementos necesarios de los innecesarios en el lugar de trabajo, descartando a estos últimos.

2. **Seiton**: **Orden**: disponer en forma ordenada todos los materiales y elementos que debemos utilizar para que sean fácilmente localizables. Cada cosa en su sitio.

---

3. **Seiso**: **Limpieza**: Si tenemos claro qué materiales son los necesarios y además es fácil localizarlos, será más fácil acceder y limpiar el entorno de trabajo.

4. **Seiketsu**: **Control visual**: extender hacia uno mismo el concepto de limpieza e implantar estándares de trabajo, orden y limpieza.

5. **Shitsuke**: **Disciplina y hábito**: construir autodisciplina y formar el hábito de comprometerse en las 5 S para seguir mejorando.

La desorganización consume tiempo, ocupa espacio y crea suciedad. La aplicación de las 5 S´s es una constante en muchas empresas y la columna vertebral por la que se articulan todas las decisiones organizativas.

Muchas empresas que lo han aplicado reconocen que muchos empleados emplean el método del "por si acaso" para justificar el exceso de material o documentación innecesaria. Si disponemos de espacios limpios y ordenados en los que solo tenemos las herramientas, materiales o documentación necesarias, ahorraremos tiempo pero además, seremos más rápidos, operativos y eficaces.

En ciertas organizaciones la desorganización y el desorden son evidentes, tanto en fábrica como en oficinas. Podemos ver mesas de trabajo repletas de papeles y documentación y talleres donde las herramientas están desordenadas y el material desordenado. El método de las 5 S´s bien aplicado puede paliar notablemente estos problemas.

Durante la fase Shitsuke, se suelen implantar los conocidos Paseos de evaluación. Estos "paseos" consisten en visitas a las diferentes secciones o departamentos para comprobar que se siguen las 5 etapas:

- **Organización**
- **Orden**

> - **Limpieza**
> - **Control visual**
> - **Disciplina y hábito**

Para ello, se pueden utilizar cuestionarios de evaluación en los que se puntúan diferentes aspectos de cada etapa. Por ejemplo:

Organización

- No existen archivos innecesarios en las mesas o estanterías
- No existen documentos o archivos innecesarios en los ordenadores
- Las herramientas necesarias están disponibles
- Las herramientas necesarias son accesibles
- Etc..

Cada uno de estos aspectos se puntuará como, por ejemplo; óptimo, alto, normal, bajo, no aceptable.

Como método de trabajo requiere constancia y sobre todo, la implicación de todas las personas. Será necesario establecer sistemas que permitan formar a los trabajadores y mandos en la utilización del método 5 S's para que conozcan la metodología y ventajas que reporta, tanto al empleado como a la organización.
También puede llegar a utilizarse como sistema de motivación como se vio en el capítulo Motivación.

También puede utilizar el método **TRAF**:

> - T (Toss) = Tirar
> - R (Refer) = Remitir
> - A (Act) = Actuar
> - F (File) = Archivar

Este método puede aplicarlo a cualquier tarea que implique reflexionar sobre qué hacer con determinados materiales o documentos. Por ejemplo, su mesa de trabajo o las bandejas de correo electrónico.

En lugar de tener en la bandeja de entrada todos los mensajes que recibimos podemos adoptar decisiones con cada uno de ellos para saber qué hacer. Por ejemplo; recibimos un mensaje y decidimos tirarlo, eliminarlo, remitir o reenviar a otra persona o departamento, actuar en el momento o directamente archivarlo.

Consejos

Es recomendable programar cada día nuestro tiempo y hacerlo de forma rutinaria. Una manera sencilla es hacerlo a última hora del día anterior. Cuando ya hemos terminado nuestra jornada y tenemos una visión más clara de lo que tendremos que hacer al día siguiente. No se trata de llegar por la mañana y pensar "bueno… a ver qué es lo que tenemos hoy".

Establecer objetivos claros y muy bien definidos y tener un sistema de prioridades. De todas las tareas que usted realiza, seguro que no todas son tan importantes. Si cree que sí, comete un error. Sin duda alguna, podrá clasificarlas por orden de importancia. Evidentemente si dispone de un sistema de prioridades en momentos de crisis sabrá a qué tareas prestar más atención y tiempo.

No puede ser que estemos escasos de tiempo y se lo estemos dedicando a tareas poco importantes o a actividades poco productivas e innecesarias.

Lo que diferencia a una persona que sabe gestionar su tiempo de la que no, es la capacidad de centrarse en las tareas importantes y prioritarias.

En el capítulo 1 vimos cuáles eran las funciones directivas. Un directivo debe centrar su atención en esas tareas y no en hacer fotocopias. Esto no significa que no pueda hacer fotocopias, si no que mientras usted hace las fotocopias, tal vez otros directivos de la competencia sí estén haciendo lo que tienen que hacer.

Muchos directivos son más partidarios de la acción que de la planificación y eso no deja de ser un error. Sin planificación toda la acción que tendrá será motivada por la urgencia y por los imprevistos. Acabará actuando pero solo para apagar fuegos que podría haber evitado con una buena planificación.

Algunas ideas:

- Utilice una **agenda**. Programe cada día qué hacer con su tiempo. Si puede escribirlo la noche antes mejor.
- Establecer y definir **objetivos**. Qué tenemos que hacer, cuándo y cómo. Defina metas con precisión y recuerde que si las incumple solo estará aprendiendo malos hábitos.
- Céntrese en los asuntos que produzcan un mayor resultado y **discrimine** en función de aquéllos que solo suponen pérdida de tiempo. Piense en lo importante y no tanto en lo accesorio.
- **Agrupe** las actividades similares. Por ejemplo, puede dedicar una hora de la mañana para solo hacer llamadas de teléfono o realizar tareas de ordenador. Será más productivo que si realiza una llamada, luego trabaja en el ordenador y después va a visitar a un cliente. Esta es una técnica muy utilizada en ventas. Es preferible que un comercial dedique un tiempo a cada tarea y de forma intensiva que ir a salto de mata. Si dedica toda una mañana a llamar por teléfono y realiza 50 llamadas, con toda seguridad tendrá más oportunidades de conseguir una entrevista que si las 50 llamadas las ha realizado en tiempos muertos. Al concentrarnos en una tarea aumenta nuestra eficacia. Las interrupciones solo nos acumulan trabajo. Usted puede realizar 50 llamadas en 3 horas, por ejemplo, si solo se dedica a llamar. Pero si introducimos las interrupciones, el mismo número de llamadas se realizaría en 6 horas.
- Controle las interrupciones y aprenda a decir NO. Utilice filtros y barreras.
- **Delegue** todo lo posible pero sobre todo las tareas que sean menos productivas para usted.

- Cada tarea merece un tiempo pero no todo el tiempo disponible si no el **tiempo necesario**. Asigne tiempos a las tareas. Si, por ejemplo, tengo que redactar una carta y dispongo de una hora, no significa que disponga de una hora para redactar la carta. Asignaré un tiempo determinado a la redacción de la carta independientemente del tiempo disponible.
- **Conózcase**. Sin duda habrá horas durante el día en las que realiza mejor unas tareas que otras. Asigne su tiempo en función de su curva de rendimiento.
- Planifique correctamente las **reuniones**, el orden del día y la duración.
- Valore si el tiempo que empleará en la reunión vale el posible **beneficio** que obtendrá de ella.
- ¿Se puede **sustituir** la reunión por otro procedimiento?
- ¿En necesario que acudan tantas **personas** a la reunión?
- ¿Cuál será el **coste** en tiempo de la reunión?
- Planifique correctamente las **entrevistas**. La duración, como siempre, no debe de ir en función del tiempo disponible. Sepa apreciar el momento en el que debería finalizar.
- **Enseñe** a los demás a que sepan valorar y respetar su tiempo.
- Utiliza correctamente el **teléfono** móvil. Es sin duda una buena herramienta pero no debes ser un esclavo. Cuando alguien llama a tu móvil y contestas es igual que si entra en tu despacho. Puede estar robándote tu tiempo.

- Cuidado con la **tecnología**. Manejar un programa informático requiere horas. Muchos optan por aprenderlo por el método de ensayo y error. Está comprobado que una persona puede aprenden, por ejemplo, Word en 20 horas asistiendo a un curso de formación pero necesitará más del doble si desea aprenderlo por su cuenta. Además de dedicar más tiempo, seguramente no estará utilizándolo de forma correcta e introducirá vicios en su manejo. La tecnología puede ser un buen aliado pero también una pérdida de tiempo enorme si no sabemos utilizarla. Piense en el tiempo que podemos llegar a perder introduciendo números de teléfono en nuestra nueva PDA o en el teléfono móvil, o realizar una determinada hoja de cálculo por el método de ensayo y error.

Puede distribuir, en general, su tiempo, dedicando un 60% a **realizar lo planificado** (agenda) un 20% a **tareas no previstas** en la agenda y otro 20% a la **planificación y creatividad**.

También debemos de tener en cuenta que algunos empleados rechazan frontalmente cualquier tipo de responsabilidad y reaccionan "delegando hacia arriba" (delegación inversa) sus propias responsabilidades. De esta manera sobrecargan el trabajo directivo y obligan a estos a realizar tareas que no son propias de su puesto. Si admite de buen grado que solo usted puede hacerlo y que los demás están perdidos sin su ayuda, tenga la total seguridad que será víctima de la delegación inversa.

Tenemos que saber decir no a este tipo de tareas delegadas desde abajo y enseñar al colaborador a realizarlas por sí mismo. A veces asumimos que el empleado no puede realizar una tarea o que la realizará mal y acabamos realizándola nosotros mismos. Eso es un error y como vemos, se convierte, además de en una pérdida de tiempo, en un hábito negativo para el empleado.

Si un empleado me roba dinero, siempre podré reemplazarlo, pero si me roba tiempo, nunca podrá devolvérmelo.

En la industria se utiliza a menudo el control de métodos y tiempos y el cronometraje para definir y controlar la realización de tareas y la actividad productiva. Un operario de una máquina puede tener perfectamente definidos todos los tiempos a emplear para cada tarea, los tiempos muertos, descansos, etc.. Pero no siempre se aplica esa misma precisión al trabajo directivo o de oficina.

El mando es la persona que mejor debe saber emplear su tiempo. Tiene que servir de ejemplo para los demás y transmitir valores y formación a su equipo en cuanto a la gestión del tiempo. Si no enseñamos a los demás a utilizar el tiempo quizás no entiendan un NO ante un posible ladrón de tiempo. Sea una guía y una ayuda para los demás.

DELEGACIÓN

Ya se comentó en otro capítulo que la cuestión no reside en trabajar muchas horas si no de lo que somos capaces de hacer durante las horas en las que trabajamos.

A veces deseamos hacerlo todo y eso es imposible. La delegación surge como una necesidad que obliga al directivo a "pasar" temporalmente algunas de sus funciones a otra persona.

Querer y no poder, esa es la cuestión. ¿Cuántos han intentado delegar y no lo han conseguido?

Las personas que no aplican la delegación se verán sumidas tarde o temprano en un cúmulo de tareas sin sentido que acapararán la totalidad de su tiempo.

No somos imprescindibles y lo que podemos hacer, sin duda otros también lo podrán hacer. La delegación nos ayuda a liberarnos de tareas poco productivas y sobre todo, acaparadoras de tiempo. Si sabemos delegar, estaremos contribuyendo además a gestionar mejor nuestro tiempo.

Delegar es sobre todo necesario para poder centrarnos en las tareas verdaderamente importantes y relacionadas con nuestro puesto directivo evitando aquéllas tareas rutinarias e improductivas que solo suponen una pérdida de tiempo.

Pero perder el tiempo también supone una pérdida de oportunidades ya que mientras nosotros estamos centrados en realizar una tarea rutinaria otros (competencia) estarán centrados en tareas productivas.

Tenga también en cuenta el valor económico de realizar una tarea rutinaria.

Delegar es una herramienta para usted que bien utilizada le será verdaderamente útil. No tenga miedo a delegar tareas ya que en ningún caso supondrá una pérdida de autoridad sino todo lo contrario, le reforzará como líder.

Cuando delegamos, tenemos que asegurarnos e introducir los controles oportunos, que la tarea delegada llegará a buen fin.

Pero no todo es delegable. Existen tareas propias de nuestra función directiva que no podemos delegar. Ya hemos comentado antes que delegaremos todo aquello que sea accesorio o pueda suponernos una pérdida de tiempo que nos impida centrarnos en las tareas importantes. Pues bien, esas tareas importantes son las que no se recomienda delegar. Por ejemplo, la fijación de objetivos, la estrategia general, la organización, la motivación, etc..

Conozco a un directivo propietario de una pequeña empresa, que delegó en un grupo de trabajadores todo el proceso de selección de personal.

Se trataba de técnicos en prevención de riesgos laborales.

Éstos se reunían, evaluaban currículos y realizaban las entrevistas de selección para, finalmente seleccionar a la persona "más indicada".

Un posterior análisis de este método demostró que los intereses de los técnicos no coincidían con los del dueño de la empresa. Estos no escogían a los mejores si no a aquéllos que a medio plazo les hicieran menos sombra. Estaban motivados por sus propios intereses y como equipo, habían establecido un acuerdo implícito sobre el proceso de selección.

La argumentación del directivo era que de esta forma quería otorgar mayor libertad a los empleados. Llegó a delegar prácticamente todas sus tareas de responsabilidad hasta que, los empleados se hicieron con el control total de la empresa ya que ésta estaba hecha a su medida.

Los empleados habían definido objetivos, estrategias, métodos de trabajo, etc..

Quiso dar tanta libertad y soltó tanto la "cuerda" que cuando se quiso dar cuenta, sus empleados estaban a kilómetros de distancia de donde él se encontraba.

Por tanto, no podemos delegar:

- La definición de políticas y estrategias globales.
- El establecimiento de objetivos.
- La asignación de funciones.
- Aspectos motivacionales y disciplinarios (premiar, felicitar, reprender, sancionar).
- El liderazgo o la gestión de nuestro equipo

¿Qué es delegar?

La función de delegar consiste en asignarle a una persona la ejecución de una tarea o proyecto, asignándole unos objetivos y plazos pero dándole cierta libertad para hacerlo.
Por tanto, le asignamos recursos y la capacidad de tomar decisiones según determinados criterios que habremos definido.

¿En quién delegar?

Sin duda alguna, una de las claves para responder a esta cuestión está en el conocimiento profundo de cada uno de los colaboradores. Generalmente surgirá la necesidad de delegar en situaciones de crisis o de exceso de trabajo. Situación, por tanto, en la que le será difícil realizar una selección objetiva de a quién delegar. Por ello, si usted conoce en profundidad a sus colaboradores, en el momento en el que surja la necesidad, sabrá a quién asignarle la tarea delegada.
Planifique con tiempo a qué personas podría delegarle alguna de sus funciones. En el caso de que no dispongan de la capacitación adecuada estará a tiempo para hacerlo.

Urcola Tellería (2003) recomienda:

- Quien tenga un conocimiento suficiente de los hechos objeto de la delegación. (Quien sepa).
- Quien tenga la competencia profesional precisa para poderla llevar a cabo. (Quien pueda).
- Quien tenga tiempo y posibilidades de realizar correctamente el cometido a desarrollar. (Quien pueda).
- Quien tenga la motivación suficiente para asumir la delegación o esté demandando mayores iniciativas. (Quien quiera).

Delegar correctamente supondrá para usted y para su equipo una serie de ventajas que conviene tener en cuenta. A usted le permitirá dedicarse a las tareas de mayor importancia y a optimizar su tiempo de manera eficiente. También le ayuda a desarrollar sus capacidades como líder.

Para el empleado, puede contribuir a dotarlo de mayores responsabilidades aumentando su iniciativa y autoconfianza entre otros.

Cómo delegar

- En primer lugar, determine claramente cuáles son los objetivos que pretende alcanzar.
- Establezca cómo quiere que se realice la tarea delegada y con qué recursos contará.
- Marque un programa de controles preventivos como reuniones periódicas entre usted y la persona a la que ha delegado.
- Indique plazos y tiempos para completar la tarea.
- Asigne autoridad al empleado si es necesario.
- Proporciones los recursos e información necesarios.

Se trata de definir con bastante precisión qué queremos delegar y a quién, para que la persona escogida tenga las menores dificultades posibles. Si no determinamos un proceso a seguir y solo "encargamos" la tarea delegada a otro empleado hay muchas probabilidades de que cometa errores. Otra cuestión es si estamos delegando una tarea a un empleado que ya tiene experiencia en ese tipo de trabajos.

Recuerde que la delegación consiste en "pasar" a un trabajador una determinada tarea, "temporalmente" y que, nos corresponde hacer a nosotros de manera habitual.

El trabajador no tiene que percibir que la tarea delegada le supondrá un problema si no una oportunidad para realizar funciones de mayor complejidad o responsabilidad. Es primordial la relación desde el punto de vista comunicativo entre el empleado y el mando con la finalidad de lograr una estrecha relación de confianza que permita afrontar con mayores garantías la tarea delegada.

Algunas causas por las que la delegación no funciona:

- Miedo a cometer errores
- Miedo a que el empleado lo haga mejor que nosotros
- Temor a perder el control
- Temor a los riesgos inherentes de delegar una tarea
- Poca confianza en la persona a la que se delega
- Objetivos mal definidos
- Medios mal asignados o insuficientes
- Falta de formación del colaborador
- Elección de la persona inadecuada
- Exceso de perfeccionismo

INTELIGENCIA EMOCIONAL

"La Inteligencia emocional es una forma de interactuar con el mundo que tiene muy en cuenta los sentimientos, y engloba habilidades tales como el control de los impulsos, la autoconciencia, la motivación, el entusiasmo, la perseverancia, la empatía, la agilidad mental, etc. Ellas configuran rasgos de carácter como la autodisciplina, la compasión o el altruismo, que resultan indispensables para una buena y creativa adaptación social." Daniel Goleman (2012).

Utilizar la inteligencia emocional implica controlar y regular nuestras propias emociones. No significa ahogar las emociones ni anularlas. Las emociones existen y tienen un determinado sentido.
El punto de partida es que las emociones influyen en nuestra forma de pensar y comprender el mundo y que la manera que tenemos de controlarlas nos ayudará a adaptarnos con mayor facilidad. En definitiva, el control emocional comparte el modelo de autorregulación emocional. Esto implica, no solo identificar nuestras propias emociones sino aprender a regularlas según un entorno determinado favoreciendo así nuestra adaptación.

Las emociones son estados o impulsos generalmente involuntarios que se producen como respuesta a determinados estímulos.
Etimológicamente, emoción proviene del latín (emotio) y significa "movimiento, impulso". Es por tanto un movimiento/respuesta que se produce ante un determinado acontecimiento que podemos percibir como amenazador, o no y que se puede manifestar fisiológica o físicamente. Las emociones disponen de recursos conductuales (expresiones, gestos, proxemia..) y componentes fisiológicos (respiración sudor, ritmo cardíaco..) que pueden ser externamente observables.

La inteligencia emocional nos ayudaría a explicar por qué algunas personas tienen mejores habilidades para relacionarse socialmente, por qué son capaces de afrontar situaciones complicadas y salir airosos o ver la vida de una manera más positiva.

Nuestras emociones están reguladas por el sistema límbico (tálamo, hipotálamo, hipocampo, amígdala cerebral, cuerpo calloso, septo y mesencéfalo.)

El sistema límbico es el responsable de nuestra vida afectiva y emocional. La amígdala juega un papel importante en el reconocimiento de las emociones. Personas que tienen lesiones en la amígdala suelen ser incapaces de reconocer si una persona está triste o contenta (empatía).

De la misma manera que hace años se empleaba el Cociente de Inteligencia (CI) para seleccionar personal, ahora, la inteligencia emocional se valora mucho más. Es más importante para un comercial saber interpretar los gustos, necesidades y deseos de un cliente que su CI.

Como seres humanos, estamos en constante interacción con el ambiente. Mucha de la información que captamos del exterior la procesamos de manera inconsciente. No estamos siempre atentos a todo. Por tanto, el sistema límbico suele procesar una cantidad ingente de información de forma muy rápida. Por el contrario, la información que envía a los lóbulos frontales, se hace de forma más lenta.

La amígdala sería la encargada de decidir qué emoción es la más adecuada a un estímulo en concreto y por tanto, reaccionar en consecuencia. No obstante, la corteza prefrontal sería la responsable del control racional proporcionando una respuesta más analítica.

Las señales sensoriales viajan en primer lugar al tálamo para dirigirse a continuación a la amígdala. Mientras, una segunda señal del tálamo se dirige a la neocorteza o cerebro pensante. Esta segunda bifurcación es la que le permite a la amígdala ser la primera en responder antes que la corteza prefrontal

Nuestra manera de actuar suele estar condicionada por dos aspectos; nuestra mente racional y nuestra mente emocional. Generalmente estas dos áreas suelen estar en equilibrio, sin embargo funcionan de manera muy diferente.

Nuestra parte emocional (**sistema límbico**) es mucho más rápida enviando información que nuestro cerebro racional. El sistema límbico apenas analiza la información. Se limita a enviar la información para que sea procesada por el sistema racional. Este sí se encargará, de una forma mucho más lenta, de procesar, evaluar y analizar las diferentes decisiones o alternativas.

Hipótesis del marcador somático:

Esta hipótesis pretende ofrecer una explicación sobre cómo nuestras emociones influyen en nuestras decisiones. Según esta idea, establece una relación-colaboración entre las estructuras prefrontales y el sistema límbico. De esta forma, la toma de decisiones no sería puramente racional sino que contemplaría aspectos más relacionados con la amígdala y de naturaleza más emocional. Así, ante una determinada decisión, la corteza prefrontal puede crear una representación de los diferentes escenarios como consecuencia de las diferentes decisiones que adoptemos. Estos escenarios llevarían asociados componentes viscerales y somáticos propios de la emoción. A esas modificaciones corporales es a lo que Damasio (1998) denomina "marcadores somáticos".

Si la toma de decisiones, por ejemplo, en el momento de comprar un televisor nuevo fuera exclusivamente racional, podríamos pasar horas o días contemplando y evaluando las diferentes alternativas lo que haría muy difícil y lenta esta toma de decisiones, por no decir imposible. Sin embargo, la decisión de compra puede llevar asociada una determinada sensación más visceral que emocional que precipitaría la decisión en uno u otro sentido (comprar o no comprar). Según Damasio "*la emoción precede a la acción*".

Por este motivo, la compra del televisor contemplaría aspectos racionales pero también y de forma muy importante aspectos emocionales. En este sentido, el marketing se centra en conceptos relacionados con la "experiencia de compra" o más recientemente, el neuromarketing que analiza precisamente la importancia de las emociones en los procesos de compra.

Emociones Primarias

> - Ira
> - Miedo
> - Felicidad
> - Amor
> - Disgusto
> - Tristeza

Desde la perspectiva no antropológica de la emoción Paul Ekman encontró que las emociones, no están determinadas culturalmente sino que son **universales**. Sigue de esta manera la corriente de Darwin. Estas emociones que Ekman considera universales son la ira, miedo, asco, tristeza, alegría y sorpresa. Realizó sus investigaciones con nativos de Papúa Nueva Guinea. Intentó averiguar si a un nativo se le presentaba una fotografía de un individuo de otro país, si sería capaz de reconocer la **emoción** que expresaba. Demostró que era posible y estableció así, la universalidad de las emociones.

Fundamentos de la inteligencia emocional

1) Conocer las propias emociones. La conciencia de uno mismo (el reconocer un sentimiento mientras ocurre) es la clave de la inteligencia emocional.

2) Manejar las emociones. Se basa en la capacidad de, conociendo nuestras emociones, poder regularlas.

3) Automotivación. Es la capacidad que tenemos de manera interna de buscar nuestros propios factores motivacionales.

4) Empatía. La capacidad para reconocer las emociones de los demás, saber qué quieren y qué necesitan es la habilidad fundamental para establecer relaciones sociales y vínculos afectivos y personales.

> **5) Manejar las relaciones.** Esto significa saber actuar de acuerdo con las emociones de los demás.

Conocerse a uno mismo es fundamental para dominar la inteligencia emocional. Si este autoconocimiento no podremos conocer cómo regular las emociones y cómo tener el control de nuestros sentimientos.
¿Qué me sucede cuando estoy enfadado/a? ¿Cómo suelo actuar? ¿Qué puedo hacer para detectarlo a tiempo y regularlo?, etc..

Las emociones se contagian. Si observa a un grupo de personas riendo a carcajadas es muy probable que usted también acabe riendo. Pero también se contagia la rabia, ira, la pena o el llanto. De usted depende qué quiere contagiar a su equipo.

LA COMUNICACIÓN INTERPERSONAL

Eric Berne (1953) decía que comunicación era: "cualquier emisión de energía que afecta a un organismo, siempre que sea entendida por el receptor". "Cualquier cosa que puede ser entendida es comunicación".
Por lo tanto, en general, la comunicación no es una actividad pasiva si no que exige la colaboración e interacción de las dos partes. A veces hablamos de comunicación y en realidad nos estamos refiriendo a una simple transmisión de información.
En la gestión de personas y equipos, el dominio de la comunicación es una herramienta fundamental que debemos conocer. Un mando o un directivo tienen que comunicar continuamente cosas a sus empleados.
En este capítulo analizaremos los factores más importantes relacionados con la comunicación interpersonal (entre personas) que nos permitirán incrementar nuestros niveles de eficacia comunicativa.

Las relaciones interpersonales constituyen un aspecto básico y fundamental en nuestras vidas que nos permite intercambiar pensamientos, ideas y necesidades.

La comunicación, además de ser una necesidad humana, nos permite satisfacer otras necesidades. Mediante el lenguaje podemos comunicar que tenemos hambre y así satisfacer esta necesidad.

Pero no solo comunicamos mediante el lenguaje hablado. La comunicación no verbal posee un peso específico muy elevado en este proceso, como veremos más adelante.

En la comunicación interpersonal, comunicamos mediante el lenguaje hablado, el lenguaje no verbal, los gestos, posturas, etc..

En general, sin decir una sola palabra estamos comunicando. Esta es una de las características que expone la **escuela de Palo Alto:**

- **La persona siempre comunica y no puede dejar de hacerlo.**
- **Las dos formas de codificación correspondientes son: Digital (contenido, lenguaje verbal), Analógica (relaciones y lenguaje no verbal)**
- **En comunicación hay dos aspectos a considerar: contenido (significación que se establece) y relación entre comunicantes (dice cómo debe ser entendido el contenido: el sentido). Comunicación y metacomunicación.**

El manejo de relaciones se divide en dos ámbitos. El primero es el de las **relaciones esporádicas** y el segundo el de las **relaciones en el tiempo**. Tanto en uno como en otro, los intercambios de cortesías, información sobre hechos, pensamientos, ideas, sentimientos y deseos, deben armonizarse con el grado de sintonía de los dos interlocutores, estableciéndose claramente las fronteras de cada estadio de la intimidad.

La Escuela de Palo Alto señala que la comunicación está considerada como una relación cualitativamente diferente de las propiedades de los individuos que participan en ella.

Según esta afirmación, la relación de la comunicación es cualitativamente distinta, dadas sus propias reglas, a las características particulares de las personas que participan.

Utilizando la teoría del interaccionismo simbólico, no se puede estudiar ni entender la comunicación simplemente como la transmisión de mensajes entre emisores y receptores donde estos, son los únicos elementos que la conforman. Por el contrario, hay que considerar el movimiento, las expresiones, las emociones o el entorno como influencia directa entre emisor y receptor.

Algunos de los axiomas de Palo Alto:

- **Es imposible no comunicar.** Todo comportamiento es una forma de comunicación. Para Watzlawick (1991), la comunicación es entendida como un sinónimo de conducta y no podemos entender conducta sin comportamiento. No hay nada que sea lo contrario de conducta por lo que es imposible no comportarse. Este principio trasciende las propiedades de los propios individuos. Ya que el proceso de comunicación no es simplemente lineal, cada individuo transmite y/o recibe. Según Lasswell (1985) *"los interlocutores responden a las cuestiones ¿Qué dice? ¿A quién?"* Así, el emisor estimula casi siempre para obtener una respuesta de otros.

- **Existen dos niveles comunicativos.** Uno de contenido y otro relacional. Cualquier acto o hecho comunicativo proporciona información sobre el que habla y cómo desea ser entendido por el receptor/oyente. Así, el hablante proporciona información en el contenido de su mensaje pero también transmite otra información en el plano relacional. Por ejemplo, si digo a mi hija "ten cuidado con la moto", transmito un contenido que pretende evitar un accidente pero también información relacional-paternalista. De esta manera, la comunicación que se establece vuelve a ser considerada diferente a las propiedades de los participantes en la misma.

- **La puntuación de la comunicación.** Si entendemos que la comunicación puede ser una serie ininterrumpida de mensajes y de intercambios entre estos, los participantes introducen una "puntuación de secuencia de hechos" en la que cada interlocutor interpreta su propio comportamiento como reacción al del otro. El hecho/acto comunicativo trasciende las propiedades de los individuos.
- **Comunicación digital y analógica.** En todo acto comunicativo existe un nivel digital (lo que se dice) y un nivel analógico (cómo se dice). Por ejemplo, el mensaje literal que transmito y los gestos, tono, volumen que empleo para hacerlo.
- **Interacción simétrica y complementaria.** Por ejemplo, las relaciones establecidas entre hermanos o amigos, podrían considerarse simétricas o recíprocas y las establecidas entre padres e hijos o profesores y alumnos sería complementarias. Así, la comunicación es algo más que las relaciones simétricas o complementarias de los individuos participantes; los individuos son meros elementos del proceso comunicativo en tanto que actores.

Es interesante el trabajo elaborado por Paul Ekman sobre las emociones y su interés particular por detectar **mentiras**. Para ello, analiza las emociones, las **microexpresiones** y el **lenguaje corporal**. *"El rostro suele contener un doble mensaje: por un lado, lo que el mentiroso quiere mostrar, por otro, lo que quiere ocultar"* (Ekman, 2011).
Como indica Don Quijote (Cap. X) a Sancho, refiriéndose a Dulcinea;

> *"..mira todas sus acciones y movimientos; porque si tú me los relatares como ellos fueron, sacaré yo lo que ella tiene* **escondido en lo secreto de su corazón".**

Pero si las emociones pueden ser universales, no tienen por qué serlo los gestos, ademanes, expresiones o ilustradores que cada cultura emplea. En Grecia, mostrar la palma de la mano abierta (5 lobitos) hacia el interlocutor se considera un insulto. A este gesto se le llama *moutza*.

En Medio Oriente, levantar el pulgar se entiende como desear meterle el dedo en el ano.

En nuestra cultura está bien visto terminarse toda la comida del plato, sin embargo, en China se entiende que nos hemos quedado con hambre.

La señal "ok", en Brasil significa enviarlo al infierno.

Principales características de las relaciones interpersonales desde la perspectiva de Erving Goffman:

Goffman (interaccionismo simbólico y su modelo dramatúrgico), en su primer estudio monográfico, "*The Presentatión of Self in Everyday Life*", analiza todas las situaciones en las que los individuos se encuentran en presencia de otros influenciándose mutua y recíprocamente.

Para Goffman (1959), toda acción social tiene una dimensión comunicativa de "presentación de sí mismo". Por tanto, los actos que realiza el líder pueden estar dotados de sentido si es consciente de lo que desea transmitir. Pero también puede ser percibido por los demás e interpretado por aspectos que tal vez no haya sabido controlar como la comunicación no verbal, los gestos, el entorno, etc.. La actuación del líder, tiene un *significado* para los colaboradores.

Goffman entiende que la realidad social se explica mediante las interacciones de los individuos y de los grupos. El mundo cotidiano es el centro de atención.

Goffman manifiesta que cuando las personas están la una ante la otra «*pueden funcionar no sólo como instrumentos físicos, sino también como instrumentos de comunicación*», siendo las informaciones que los participantes emiten comunicaciones «incorporadas» (Herrera, 2004). Por ello, una regla situacional consiste en la «gestión disciplinada de la propia apariencia o fachada personal». Como señalaría Goffman (1982), "*el actor nunca es plenamente consciente de su propia performance*". En este sentido, Goffman distingue las comunicaciones que intencionadamente transmitimos y las que en realidad dejamos entrever.

"La gente actúa sobre la base del significado que atribuye a los objetos y situaciones que le rodean". Goffman.

Normas para una buena comunicación oral

Saber escuchar en lugar de oír. A las personas les gusta sentirse escuchadas y valoradas. A veces no damos los refuerzos necesarios a nuestro interlocutor que le demuestren que le hemos escuchado (feedback). La escucha es un proceso activo, oír es un proceso pasivo.

Evitar los prejuicios y estereotipos. El prejuicio consiste en prejuzgar a priori en base a cómo percibimos la realidad. Juicio-antes-de. El estereotipo es una imagen mental preconcebida que tenemos sobre algo o la creencia sobre un colectivo generalmente errónea.

A veces actuamos con precipitación juzgando a una persona en base a nuestros prejuicios o estereotipos que tenemos formados sobre ese colectivo. No se deje engañar.

Cuando conocemos a una persona por primera vez es muy probable que nuestro cerebro nos alerte con información procedente de nuestro banco de datos de estereotipos y del sistema límbico encargado de procesar las emociones. Si de manera simplista nos dejamos guiar por esta información tal vez nos equivoquemos en nuestro juicio racional. Muchas veces nos han presentado a alguien de la que hemos sacado conclusiones precipitadas y después de conocerla más a fondo nos hemos dado cuenta que era muy diferente a como pensábamos que era.

Cuando dos personas se conocen por primera vez tienen tendencia a elaborar "un retrato robot" el uno sobre el otro en cuestión de segundos. Si quiere conocer a esa persona de verdad, no se fíe demasiado de su retrato robot.

Acciones que dificultan la comunicación verbal

- Lenguaje inadecuado: Emplear un lenguaje inapropiado sin tener en cuenta las características de nuestro interlocutor.
- Ordenar: Mandar, dar órdenes, imponer.
- Buscar culpables: La búsqueda de culpabilidad en los demás no facilitará la comunicación ya que damos por hecho que sabemos quién es el culpable.
- No mirar a nuestro interlocutor: La ausencia de contacto visual suele denotar falta de confianza, menosprecio e incluso ocultación de la verdad.
- Hablar demasiado alto o demasiado bajo.
- Tratar al empleado con superioridad. Solo conseguiremos que amedrentarle y no le ayudamos a que coopere en un ambiente de confianza.
- Utilizar frases ofensivas. Dice muy poco de quien lo hace y lo poco que dice es negativo.
- Despreciar al interlocutor. La burla, el sarcasmo, la pedantería o la pedantería.
- No empatizar. Si no somos capaces de ponernos en el lugar de nuestro interlocutor difícilmente podremos entender su punto de vista.
- Interrumpir. Si interrumpimos no escuchamos.

El feedback (retroalimentación) en la comunicación

No olvidemos que la comunicación lo que pretende en definitiva es que un determinado mensaje que queremos transmitir llegue al receptor de la forma y manera que deseamos.

A veces, transmitimos un mensaje pero lo que finalmente interpreta el oyente es distinto a lo que inicialmente deseábamos.

En todo proceso de transmisión de un mensaje, se irá produciendo inevitablemente una reducción del contenido de la comunicación:

• **Lo que se quiere decir**	**100%**
• **Lo que se dice**	**90%**
• **Lo que se oye**	**80%**
• **Lo que se escucha**	**70%**
• **Lo que se comprende**	**60%**
• **Lo que se retiene**	**50%**
• **Lo que se reproduce**	**40%**

Durante una conversación cualquiera, dos personas están actuando alternativamente como emisores y receptores. El feedback permite que los receptores indiquen a los emisores que han sabido descifrar la información o el mensaje emitido. A continuación, el emisor puede corregir el mensaje para adecuarlo a las necesidades del oyente.

Si una persona me está hablando y yo realizo gestos de afirmación con la cabeza, le estoy proporcionando feedback ya que con el gesto le estoy indicando que le escucho.
Parafrasear o repetir algo que nos acaba de decir también es una manera de demostrar que le hemos escuchado.
Otras formas de demostrar feedback son hacer preguntas relacionadas con el mensaje recibido, emitir un mensaje como continuación al anterior, gestos con la cabeza de afirmación/negación,
Así pues, es muy importante transmitir feedback en las conversaciones con nuestros interlocutores ya que es una forma de indicar que les estamos escuchando.

El mensaje será decodificado por el oyente en función de la credibilidad que este otorgue al emisor. Así, la Credibilidad tiene una relación directa con:

- *La mirada*
- *Entorno y ambiente*
- *Vestimenta y apariencia física*
- *Grado de seguridad en la transmisión del mensaje*
- *Interés del emisor*

La comunicación está ligada a las interpretaciones personales de los diferentes actores. Si no fuera así, ante un mismo mensaje todos entenderíamos y comprenderíamos lo mismo.

La **percepción** juega un papel importantísimo en las relaciones interpersonales.

El mundo solo existe en nuestro cerebro. La información que percibimos de nuestro entorno es captada por los sentidos e interpretada por nuestro cerebro y según nuestras experiencias anteriores. La realidad solo es entendida cuando nuestro cerebro la ha percibido. De esta forma podemos entender que cada individuo interpreta y percibe la realidad de manera diferente a como usted la ve.

Para que podamos tener percepciones que puedan ser comunes necesitamos ciertos paradigmas aceptados socialmente como pueden ser la cultura, las reglas y normas, la moral, costumbres, etc..

De esta forma, personas que están influidas por los mismos paradigmas podrán tener percepciones similares sobre una misma realidad.

Qué es correcto o incorrecto dependerá del paradigma

Percibimos a las personas igual que a los objetos pero atribuyéndoles rasgos de carácter, personalidad, etc.

Comenta León Mann (1999) que la *"percepción interpersonal está más influenciada por procesos subjetivos; Actitudes, emociones, deseos, intenciones y sentimientos. El modo como se interpreta la intención subyacente al comportamiento de otra persona, por ejemplo, determina a menudo la reacción a tal comportamiento."*

En general, solemos reaccionar ante una persona que acabamos de conocer según la percepción experimentada hacia el sujeto. Así, si intuimos que esa persona puede ser desagradable, condicionaremos nuestra respuesta a tal efecto.

Por ello, una persona puede crear un juicio a priori sobre un individuo con solo ver una fotografía durante un segundo.

No todos somos excelentes jueces para conocer a una persona con una primera impresión. En la mayoría de los casos podemos equivocarnos. Incluso las personas que dicen tener un buen "ojo clínico" pueden errar debido a que solemos formarnos una imagen global determinante sin haber tenido en cuenta todos los elementos que rodean a la persona.

La empatía y las neuronas espejo.

La empatía es la capacidad que tenemos de colocarnos en el lugar de nuestro interlocutor y de comprender las razones que motivan su conducta o comportamiento.

Las demostraciones de empatía hacia nuestros interlocutores favorecen las relaciones interpersonales y de comunicación por lo que debemos, siempre que sea posible, demostrar empatía. Mediante nuestra respuesta empática demostramos que tenemos la capacidad de ponernos en el lugar del otro a partir de lo que hemos observado.

La empatía debería ayudarnos a percibir las emociones de los demás y a tener una mejor predisposición prosocial hacia los demás.

Cuando hablamos con otra persona, hacemos atribuciones o interpretaciones que de alguna manera condicionan nuestra respuesta. Si percibimos que está triste, por ejemplo, modelamos nuestro discurso para adaptarnos a su estado de ánimo.

Si observamos a alguien haciendo abdominales, se activarán en nuestro cerebro áreas similares a las que se activan en quien las está haciendo.

Desde un punto de vista neurológico, cuando captamos el estado anímico de otra persona, se activan en nuestro cerebro las mismas zonas que en nuestro interlocutor. Las responsables son las neuronas espejo.

Por ejemplo en el caso del asco, observar expresiones de asco activa la ínsula anterior y el opérculo frontal adyacente (IFO) de la misma manera que en la persona que en realidad lo experimenta.

La empatía puede ser una buena herramienta para el contagio de las emociones positivas. Si su estado de ánimo es positivo y alegre podrá ser transmitido a su interlocutor gracias a las neuronas espejo.

Por otra parte, puede deducir las implicaciones de la falta de empatía; sociópatas, abusadores infantiles..

Habitualmente no nos interesamos por la persona en sí, si no por lo que nos hace sentir. Por esto, solemos trabajar más y mejor con aquéllas personas que nos hacen sentir bien.

El fracaso de muchos directivos se debe precisamente a su incapacidad para comprender a los demás y a su falta de empatía.

Transmitir órdenes

Qué duda cabe que una de las tareas del líder es saber transmitir adecuadamente las órdenes a nuestro equipo. Algunas personas saben planificar, programar, organizar pero no saben dar las órdenes de forma precisa. En este sentido, algunas recomendaciones podrían ser:

- La orden debe ser dada a la persona adecuada de forma clara y concisa, y razonada.
- No asumir que las órdenes se han comprendido hasta asegurarse que ha sido así. Si es necesario, repetirla hasta que estemos plenamente convencidos.

- Dar la orden en el tono debido, evitando el sarcasmo y expresiones que susciten antagonismo.
- Confirmar que sabe, puede y quiere cumplirla. Si es necesario, hacerle una demostración.
- No dar nunca órdenes negativas.
- No dar demasiadas órdenes a la vez ya que ello, además de poder confundir, tiene el riesgo de que algunas queden sin cumplirse.
- Promover la participación de las personas afectadas solicitando ideas y sugerencias.
- Si consideramos que el colaborador es capaz de cumplir la orden no estemos permanentemente encima de él.
- Conceder un tiempo razonable para cumplir la orden.
- Dar las órdenes siguiendo los cauces apropiados. No dejar nunca de lado al Jefe inmediato.
- Poner especial atención en los detalles de la orden cuando existen diversos riesgos técnicos, personales o económicos, el personal es inexperto o el trabajo es infrecuente o excepcional.
- Controlar y medir el progreso.

Corregir a los colaboradores

La corrección tiene que ver con varios factores. Uno de ellos es la motivación y otro la gestión del fracaso. La manera que tenemos de corregir a un colaborador puede influir en su motivación y en su temor al fracaso. Si corregimos es para evitar que algo vuelva a suceder no para abochornar a la persona. Corregimos para enseñar no para canalizar nuestro mal humor. La corrección forma parte del aprendizaje del empleado y es bueno aprender de los errores. Entienda que corregir a sus colaboradores implica analizar el error y encontrar caminos de mejora. El error puede ser una oportunidad.

La comunicación interna

Es una forma de abrir puertas para evitar departamentos estancos en los que sus empleados saben bien lo que hacen pero desconocen lo que se hace en otros departamentos.

Para el equipo comercial, su trabajo es fundamental y a lo mejor menosprecian el trabajo que se realiza en el departamento de producción.

Y para los de producción, tal vez lo más importante es el producto y lo que ellos hacen y no lo que realizan las personas de traje y corbata.

En esto incide directamente la comunicación interna al tratar de procurar que todos los departamentos tengan una visión de conjunto y participen de los avances o logros que se consigan en otros departamentos.

Por ejemplo, Avón Cosmetic ha sido recientemente premiada ya que entendiendo que dispone de un "público interno" muy amplio, ha dirigido una campaña interna informativa sobre el cáncer de mama y los malos tratos. Se trata de un ejemplo de Responsabilidad Social Corporativa.

En las grandes empresas es también muy interesante tener en cuenta la creciente diversidad de sus empleados. Manpower o Iberdrola promueven políticas orientadas a la gestión de la diversidad, por ejemplo, diseñando un plan de comunicación interno orientado a la transmisión de valores y de mensajes claros sobre retos para lograr así la integración y cohesión de estos colectivos.

Por supuesto que una buena política de comunicación interna es una herramienta fundamental para la motivación de los empleados de la compañía.

Es necesario establecer políticas de comunicación interna, fluidas y estables teniendo como eje de interés al empleado. Las empresas gastan mucho dinero en fidelizar a sus clientes (externos) pero a veces olvidan a sus empleados (clientes internos) desde el punto de vista de la comunicación.

Los empleados que reciben una continua información pueden transmitir más fácilmente esos valores y cultura empresarial a sus clientes. La comunicación interna es una inversión para la empresa.

El rumor

¿Cuántos problemas podríamos haber evitado si hubiéramos sabido gestionar los rumores?

El rumor puede ser una consecuencia de una mala política de comunicación interna.

En las empresas, como en cualquier colectivo, el rumor es un asunto que conviene controlar para evitar desagradables sorpresas.

En general, el rumor puede surgir por una falta de información.

Usted puede intentar dirigir correctamente a su equipo y tener la mejor voluntad y disposición, pero, si la percepción de sus componentes no es la misma, algo habrá fallado en el proceso comunicativo.

Tal vez, alguien comente algo que supuestamente usted ha dicho y los demás lo interpreten como real.

Si yo digo que me he comprado un coche y que estoy muy satisfecho con el concesionario, hay pocas posibilidades de que esta noticia se acabe transmitiendo. Pero si digo que el concesionario en el que me lo he comprado me ha tratado muy mal y que, además, parece ser que está involucrado en una red mafiosa de importación de coches, acabamos de añadir los elementos que harán que el rumor se transmita más rápidamente.

El rumor puede surgir por motivos tanto personales como profesionales.

Si alguien me cuenta algo y esa persona tiene un puesto de cierta responsabilidad el rumor es más creíble ya que asociamos la información recibida con la fiabilidad de la fuente.

El rumor es la transmisión de una información o noticia que normalmente circula de persona en persona sin que haya sido verificada o confirmada. En este proceso, cada individuo puede añadir datos de su propia "cosecha", (hasta un cierto punto) que agrandarán el rumor y seguirán distorsionando aún más la noticia.

Si no podemos comprobar su veracidad hablaremos de rumor.

El rumor tiene un componente de espontaneidad y surge cuando se dan ciertas condiciones entre las personas por las que circula. Es una información o noticia cuya propagación no ha sido planificada ni organizada.

Condiciones para que surja el rumor

Allport y Postman establecen:

> - La importancia del contenido de la noticia para la persona,
>
> - La ambigüedad de ese contenido,
>
> - Que el contenido sea relevante.

Esta ley puede expresarse como $R = I \times A$

Donde el **R**umor es igual a la **I**mportancia, multiplicada por la **A**mbigüedad. Al tratarse de una multiplicación, si falla alguno de los términos no habrá rumor ya que cualquier número multiplicado por cero da cero.

Un ejemplo en el que no hay importancia pero sí ambigüedad sería el siguiente:

Supongamos que hacemos circular el "rumor" de que en un colegio se están realizando prácticas de brujería entre los alumnos.

Evidentemente la noticia tiene Interés y si además, añadimos que se trata de un colegio de nuestra población, mayor interés tendrá. Probablemente no sucedería lo mismo si habláramos de un colegio que se encuentra a 10.000 km de distancia.

Ahora bien, si intentamos contrastar la noticia con los responsables del colegio, los profesores y los propios alumnos, a lo mejor podemos constatar que no existe ningún dato razonable que confirme la noticia por lo que el rumor, al carecer de Ambigüedad, tal vez no se propague.

Pero ¿Qué sucederá si varios alumnos dijeran que es cierto que en ese colegio se realizan prácticas de brujería?

Pues que al no coincidir las dos informaciones que tenemos procedentes de la dirección de la escuela y de los profesores se estaría creando una situación donde sí existiría la ambigüedad y el rumor tendría más probabilidades de extenderse.

Un ejemplo:

Hace muy poco, una emisora local de una determinada provincia española, informó que una pequeña empresa de fabricación de puertas, bajo el nombre de ABC, había quebrado. (Omitiremos los nombres reales).

Pero un vecino del municipio entendió que la compañía que había quebrado era una Caja de Ahorros llamada ABC.

Lógicamente la información corrió entre los ciudadanos del pueblo a una velocidad vertiginosa y la gente empezó a acudir a las oficinas de las sucursales a pedir información y sacar sus ahorros ante la sorpresa de los empleados. Se había creado una situación de psicosis colectiva potenciada por los casos anteriores de Afinsa-Forum, presente en la memoria colectiva de todos.

La entidad se vio obligada a solicitar ayuda a otras sucursales y a pedir refuerzos de dinero, manteniendo abiertas las dos sucursales durante todo el día. La población no supera los 6.500 habitantes.

Al día siguiente, la situación pareció normalizarse y los clientes acudían a las sucursales de nuevo pero para ingresar el dinero retirado. Recuperaron el 60% del dinero aproximadamente.

El falso rumor obligó al presidente de la entidad a comunicar en varias ocasiones que no tenían problemas financieros y que todo fue debido a un falso rumor.

En este caso podemos hablar de rumor ya que, en primer lugar, el origen no fue intencionado, en segundo lugar se trataba de un asunto importante y en tercer lugar contaba con el elemento ambigüedad (R=I x A)

¿Cómo evitamos los rumores?

Ya hemos comentado que los rumores, suelen ser perjudiciales en las organizaciones y en los equipos de trabajo. Un rumor puede ser percibido como una noticia real y malinterpretada por los receptores de la misma.

La mejor manera de evitar los rumores es aportando información continua y sistemática a los colaboradores.

Las personas necesitamos información y comunicación que nos proporcionan feedback sobre nuestro trabajo y sobre la empresa.

Un operario que solo tiene la percepción que su trabajo consiste en hacer tornillos, si no está bien informado, no tendrá la visión global de la empresa. Ford preguntó en una ocasión a un trabajador que en qué consistía su trabajo y este respondió "hago tornillos". Volvió a formular la pregunta a otro compañero que desempeñaba el mismo trabajo y contestó "hago coches". Éste empleado tenía una visión general de su trabajo.

La clave reside en la comunicación interna y en la manera en la que la empresa la fomenta.

La comunicación también ayuda a fomentar la cohesión de los empleados y a formar una cultura organizativa que les es propia.

Para evitar que los empleados sean simples receptores de información, además de la información descendente añadiremos las posibilidades de comunicación ascendente y horizontal. Esto es, que los empleados puedan enviar información hacia arriba y también hacia los lados, tanto a superiores como a otras personas de su mismo nivel. La idea reside en fomentar la comunicación en todas las direcciones posibles.

Algunas sugerencias:

- El tablón de anuncios. En el que se publican las informaciones de interés general.
- Las circulares internas. Informando sobre aspectos concretos de la empresa, objetivos, etc..
- La revista de empresa. Sobre todo, si está elaborada con la participación de los empleados y no solo como un instrumento informativo. Es uno de los mejores sistemas de información general si conseguimos involucrar a los empleados en su realización. No debe de ser un método exclusivo de "propaganda" interna. También se puede utilizar para informar de nuevas incorporaciones o jubilaciones, deportes o actividades relacionadas con el ocio y, por qué no, hasta de nuevos nacimientos de hijos/as de trabajadores/as.

- Intranet.
- Reuniones informativas grupales
- Reuniones informativas individuales
- Buzones de sugerencias (para la comunicación ascendente)
- Círculos de calidad
- E-mail
- El manual del empleado o manual de bienvenida

Las nuevas tecnologías jugarán un papel fundamental en el proceso de comunicación interna pero, evidentemente deberemos adecuar los medios anteriores con el público al que se dirige.

No podemos fomentar un sistema de correo electrónico o intranet si el tipo de empleados que tenemos carece de los conocimientos necesarios para utilizar dichos canales. No se trata de cantidad de canales si no de calidad. Lo importante será la comunicación y que esta se produzca entre los públicos implicados.

La comunicación corporativa tiene dos vertientes; la comunicación interna y la externa.

La interna está centrada principalmente en la difusión de información, valores y sobre todo de cultura organizativa. La segunda, está orientada en comunicar a nuestros potenciales clientes la imagen que realmente deseamos transmitir.

En cualquiera de los dos casos, puede surgir el rumor, de hay la importancia que tiene la correcta gestión de la comunicación corporativa y en nuestro caso, de la comunicación interna.

Los directivos y mandos intermedios juegan un papel fundamental en todo el proceso de comunicación interna. Es precisamente la dirección general quien debe de establecer los principios por los cuáles se regirán esas políticas y los directivos y mandos los responsables de transmitirlas.

Sin el compromiso de la alta dirección será difícil establecer políticas correctas de comunicación.

No es comunicación interna solo el ofrecer a los empleados una revista interna si todos los directivos no están implicados en el proceso y existen unos objetivos bien definidos.

Se trata de una estrategia que pretende implicar a todas las personas en una determinada concepción de empresa con la finalidad de lograr unos determinados objetivos e integrando a los empleados en un proyecto común.

La información no debe de ser entendida como una parcela que solo dominan algunas personas de la empresa. Ese tipo de políticas solo generarán rumores e informaciones falsas.

Tampoco se trata de abrumar a los empleados con un exceso de información. Ya saben el dicho "un exceso de información puede convertirse en desinformación". Si no de aportar la información justa y precisa tanto de su puesto de trabajo como de la empresa en términos generales.

Tan malo es carecer de información como disponer de tanta información que no seamos capaces de entender o de procesar.

La ausencia de información provoca desconfianza, fomenta el efecto rumor y la consecuente "bola de nieve".

Un saludo

¡Hola, buenos días! Me saluda una persona que me visita. Por su saludo pretendo averiguar múltiples detalles en pocos segundos. ¿Me mira o no me mira a los ojos? ¿Cómo me ha dado la mano? ¿Qué fuerza ha aplicado? ¿Será tímido/a o extrovertido? ¿Da la mano hacia arriba o hacia abajo? Así, el saludo puede ser concebido como una acción social tradicional, en parte, basada en costumbres. Por ejemplo, la distancia a la que dos personas se dan la mano puede variar si esas personas son japonesas o norteamericanas. Las primeras optan por una distancia más próxima y las segundas por una distancia más amplia.

Para Goffman (1959), toda acción social tiene una dimensión comunicativa de "presentación de sí mismo". En consecuencia, mi saludo puede estar dotado de sentido si soy consciente de lo que deseo transmitir. Pero también puede ser percibido por los demás e interpretado por aspectos que tal vez no haya sabido controlar como la comunicación no verbal, los gestos, etc..

Se dice que cuando dos personas se ven por primera vez, tienen tendencia a emitir un juicio subjetivo durante los primeros segundos. Y en parte, ese juicio previo tiene que ver con la apariencia personal del sujeto (vestimenta, aseo..) y con el saludo. En consecuencia, en función de cómo me salude emitiré un juicio, probablemente subjetivo, de esa persona.

Tal vez, el saludo "normal" no llame la atención. Es lo que se espera. Lo que la sociedad, en concreto, la sociedad en la que vivo, dice que es normal. Lo "anormal" sería el saludo que se sale de la norma. No me ha llamado la atención que alguien me de la mano con cierta firmeza y mirándome a los ojos. Me ha llamado la atención la chica que al entrar al despacho me ha dado dos besos en lugar de estrecharme la mano.

Por tanto, tengo que ser consciente de lo que me dice mi subconsciente. Es decir, que emitiré un juicio subjetivo de quien me visita por la forma de darme la mano. Así, si estrecha la mano con firmeza y mirándome a los ojos pensaré que es una persona segura y si estrecha la mano con poca fuerza y sin mirarme creeré que es alguien inseguro o tímido. Es un reflejo para mí de su identidad y de su personalidad. Estos patrones aprendidos culturalmente y vinculados con la sociedad en la que vivo son los que me han permitido llegar a una determinada conclusión sobre esa persona. No obstante, esa conclusión puede ser errónea.

Está claro que esto podría ser totalmente diferente en otra cultura o en otro país ya que se trata de una acción racional con arraigo cultural. El saludo y las normas de cortesía pueden ser variables de una cultura a otra. Así, tanto la proxémica como la kinésica influirán en mi percepción del otro. Aunque eso es solo un indicio ya que deberé confirmarlo durante el resto de la entrevista.

Pero el saludo no solo consiste en dar la mano. También juzgaré su forma de vestir o su aspecto en general. De nuevo, de forma subjetiva, emitiré un juicio. Lo importante de este juicio a priori es que en algunos casos puede llegar a condicionar el resto de la entrevista a no ser que uno llegue a ser consciente de esta valoración subjetiva.

En definitiva, si alguien me da la mano sin firmeza, no me mira a los ojos y no va correctamente vestido para el tipo de trabajo que se le ofrece, la conclusión, en cuestión de segundos, puede ser emitir un juicio negativo.

La acción social de dar la mano debe de ser entendida en un determinado marco de referencia en el que interpretarse. El marco lo condiciona tanto la cultura como las normas sociales y valores compartidos por una comunidad.

Pero también existen muchos tipos de saludos. El saludo a un amigo, a una amiga, a un familiar, a tus padres, hermanos, hijos… En función del destinatario el saludo puede ser diferente pero, no obstante, enmarcado en un determinado entorno social o cultural que en parte lo define. Estas acciones sociales podrían ser afectivas o tradicionales.

Dar la mano, puede ser entendido como una convención **social**, exclusiva y compartida por determinadas culturas y cuyo significado es demostrar nuestras buenas intenciones y cordialidad. Este **ritual**, es diferente en distintos países como lo puede ser la forma de abrazar o besarse. Es entendido también como un "ritual" con sus propias normas e interpretaciones por parte de los actores y observadores.

En oriente, en general no suelen darse la mano. En Japón el saludo consiste en una inclinación de la cabeza. En Oceanía, los maoríes se saludan con el *hongi*, un saludo que consiste en frotar sus narices.

Incluso las **pandillas** suelen tener sus propios saludos como señal contestataria y diferenciada de los saludos que tradicionalmente se utilizan en su cultura. Los anarquistas españoles decían "salud" a diferencia de los saludos burgueses de connotaciones religiosas "vaya usted con Dios" también, a modo de diferenciación.

En nuestra cultura, la fuerza del apretón de manos también tiene un significado normalmente compartido. Mientras más fuerte, más seguridad y confianza se supone que tiene quien la da. En Japón podría considerarse falta de respeto por presionar en exceso. Con el saludo se inicia una relación social, construimos un vínculo y señalamos que tenemos algo en común que compartir. Pero también lo **modelamos** en función de lo que queremos expresar. Así, saludaremos de una forma más amistosa o más "fría" según sea nuestro interlocutor, según la situación o el grado de formalidad/informalidad requerido.

Puedo saludar a un amigo con un apretón de manos añadiendo un abrazo y una amplia sonrisa acompañada por un "qué tal tío". Esto, para ambos puede tener un significado compartido y también para un observador externo que comparta nuestra cultura.

El saludo, casi instintivo para nosotros, está determinado por la cultura. En consecuencia, es un acto **socialmente transmitido**. Prácticamente todas las culturas utilizan de una u otra forma el saludo como señal para transmitir cordialidad y paz. *"El hombre no tiene que inventar por sí lo que va a hacer primero al toparse con un semejante, sino que la sociedad le da resuelto el problema mediante la norma colectiva del saludo"* (Ortega y Gasset 2004, V: 757). Como apunta Ortega y Gasset, el saludo está determinado socialmente y puede ser entendido como **norma social**. Así, lo social, como ente difuso, nos rodea y modela a través de los usos.

Saludar puede ser más que un gesto en tanto transmite información de quien lo hace. Por ejemplo, el saludo Hitleriano. Aunque originariamente el saludo *Heil Hitler* solo significaba desear buena salud y posteriormente fue evolucionando hasta ser utilizado por coacción y obligación. *"El poder social funciona en la coacción que es el uso"* (Ortega, 2004)

Pero ¿qué utilidad tiene el saludo?

Los romanos y griegos saludaban con la mano derecha, llevando la espada en el lado izquierdo, como demostración de que no iban a sacar el arma para atacar. En la actualidad no saludamos para demostrar que no vamos a utilizar ningún arma pero sí lo hacemos para indicar nuestras buenas intenciones. Como apunta Ortega y Gasset (2004), en su momento, tuvo sentido tomarse las manos para comprobar que no se llevaban armas pero, tal vez, ahora no lo tenga. Siguiendo esta línea, Spencer (1820-1903), con su visión de biólogo, piensa que el saludo con un apretón de manos es simplemente un residuo de una acción antigua y que como residuo, con tendencia a quedarse atrofiado dado que no cumple la misión por la cual fue desarrollado (Darwinismo cultural).

El saludo es un hecho social total ya que implica numerosos aspectos culturales, morales, económicos, posición, legales o biológicos, entre otros. Podemos analizar el simple hecho de dar la mano pero no podemos analizarlo sin tener en cuenta los factores **socioculturales** que lo rodean. Gasset (2004) pregunta *¿cuántas personas hacen falta para crear un uso?* La respuesta es "**vigencia colectiva**". Está claro que el saludo ha cambiado, modificado y evolucionado. Ya no saludamos tocando el sombrero con los dedos o haciendo una reverencia. El saludo está relacionado con esa vigencia colectiva.

Sin apenas darnos cuenta, hemos aprendido **protocolos** para saludar. No saludamos igual entre hombres que entre hombres y mujeres y mujeres y mujeres. Los saludos entre hombres suelen intentar demostrar superioridad, fuerza. En nuestra cultura, los hombres no solemos besarnos, excepto si somos familiares, las mujeres sí se besan entre ellas durante el saludo. Aunque cada vez es más corriente que hombres y mujeres se besen cuando se saludan, evidentemente, condicionado por el grado de formalidad. En **Bahrein**, los hombres se saludan entre ellos con tres besos en la mejilla pero con las mujeres el saludo se limita, como máximo a estrechar la mano.

Existen protocolos para el saludo a "personalidades" demostrando de esta manera que existen saludos en función de la clase social. Protocolos entre militares, protocolos entre políticos, órdenes religiosas, etc. Tampoco se saluda igual en la ciudad que en el campo.

> *"El mallorquín no es en absoluto soberbio, pero tiene orgullo. El saludo es considerado como una forma de reconocimiento social, y no recibir respuesta a un saludo significa una afrenta al honor personal"*(Guy de Forestier, 1995).

Aprendemos a saludar según el contexto, según el sexo, la "clase social" e incluso, la posición social. Por ejemplo, no saludaríamos con la mano al entrar en una sauna o al salir del lavabo, o no seríamos los primeros en ofrecer la mano si somos candidatos en una entrevista.

El saludo es un rito importante y está plenamente cargado de significación cultural. Etimológicamente procede del latín *"salus"* por lo que, cuando saludamos a alguien con un apretón de manos y simplemente decimos Hola. ¿Qué tal?, aparentemente nos preocupamos por su estado de salud.

En una ocasión escuché decir "hay personas tan pesadas que cuando les preguntas que cómo están, van y te lo cuentan.".

El traje:

La elección de mi vestuario no es totalmente libre. Por una parte, está claro que podría elegir libremente, pero también lo está que eso podría tener consecuencias como por ejemplo, si fuera a una entrevista de trabajo en bañador. Estaría muy cómodo pero duraría lo mismo que un suspiro. Es lo que Goffman (1959) denominaría *"actuación de un rol"*. Durante esta hipotética entrevista, cada uno desarrolla un determinado rol y se comporta según lo esperado para ese rol. El entrevistador hará de entrevistador y el entrevistado se comportará como el entrevistado. Estos roles, tendrán por tanto un significado y una valoración para los demás. El traje me otorga una cierta autoridad, poder e incluso prestigio.

La perspectiva emic tiene en cuenta lo que las personas juzgan, sienten o valoran. Desde ese punto de vista, mi forma de vestir está condicionada por lo que los demás juzgarán, sentirán o valorarán. Por lo tanto, desde este enfoque emic, el foco se centrará en lo que pienso, lo que experimento, percibo o cómo categorizo.

Por otra parte se trata de una acción social dado que la acción tiene un sentido y un significado construido a partir de la relación con mi entorno.

Elijo mi vestuario según los demás. Al vestirme, me preparo para mí mismo y para los demás. Esta elección conforma mi identidad y crea un discurso sobre mí.

Me visto en función de las personas que tengo previsto ver. En este caso es un acto racional y en parte, condicionado por un determinado marco socio cultural y normas sociales.

Tampoco pierdo de vista el hecho de que mi elección tiene un notable componente cultural y arraigado a unas determinadas costumbres y por otra parte, que el hecho de elegir mi vestuario está determinado por unos límites sociales establecidos. De la misma manera que esta acción social está vinculada a aspectos afectivos y emocionales, mi estado de ánimo puede influir en mi elección.

Por tanto, soy un "actor socializado" como diría Weber, en tanto en cuanto formo parte de un entramado de relaciones sociales sin las cuales, no se comprendería mi comportamiento.

Según Goffman, cuando me preparo o elijo mi vestuario, existe una región invisible para el público "elfonso", lo que no ven. Y también una región visible "elfronto" que es la que verán. La primera prepara la "actuación" y la segunda la ofrece o la muestra a modo de dramaturgia. Desde esta perspectiva, la acción de elegir mi vestuario pretendería representar un personaje ante un público.

Asocio colores a estados de ánimo. Así, el verde es el color de la esperanza y el rojo el color de la pasión. Estas creencias me influyen en la elección de una corbata por ejemplo. Sin embargo, entiendo que estos códigos de colores no son iguales en otros países. Por ejemplo, en Japón el blanco es el color para el luto como símbolo de esperanza y renacimiento.

Así, es una acción social con arreglo a fines, ya que implica objetivos, intenciones, propósitos que yo mismo ideo y que oriento a unos determinados fines según mis propios intereses. Esta acción social está, en parte condicionada por unos determinados límites sociales.

Soy consciente que esa supuesta "libertad" que tengo a la hora de elegir vestuario es ciertamente limitada. Las normas, las reglas y las costumbres son más poderosas que mi propia libertad. Como decía al principio, podría ir en bañador a una entrevista pero eso tendría sus consecuencias.

También es una acción social tradicional ya que se basa en mis propias costumbres, hábitos y rutinas arraigadas en mi vida cotidiana.

Estas acciones serían, según Weber, *"prácticas sociales racionalizadas regidas por la norma de la acción social"* (Páez, 2001).

Para Weber, sería necesario que el móvil decisivo de mi acción, esté planteado según el otro. Por ello, toda acción social como la descrita estaría necesariamente vinculada e insertada en el tejido de las relaciones interpersonales. Como afirma Lissarrague (1999) *"la acción social se vincula con las formas colectivas de comportamiento. No hay acción social sin formas colectivas de comportamiento"*. La acción social de elegir el vestuario cada mañana, no solo la ejecuto yo sino millones de personas en todo el mundo siguiendo sus propios patrones culturales. Mi elección es una acción social con arreglo a unos fines premeditados. Es decir, elijo mi vestuario con arreglo a unos fines y con un determinado sentido social y en parte, consciente del significado que puede tener para los demás.

DESCRIPCIÓN DE PUESTOS DE TRABAJO

En este capítulo pretendo proporcionar una información básica sobre la descripción de puestos de trabajo que cualquier mando o directivo debería conocer.

Evidentemente, este tema es lo suficientemente complejo y extenso como para ocupar la totalidad de este libro. Sin embargo, el lector aprenderá los elementos claves que componen la DPT (descripción de puestos de trabajo) desde un punto de vista pragmático que le permitan definir las tareas de los componentes de su equipo.

En muchos casos, los trabajadores no saben exactamente qué se espera de ellos e incluso qué es lo que tienen que hacer. Puede que el mando lo tenga claro en su cabeza pero también es necesario que el empleado lo sepa.
Simplemente, alguien no se ha tomado la molestia de definir qué se tiene que hacer y cómo.
La DPT es un método objetivo ya que tiene sobre todo en cuenta, el puesto de trabajo y no a la persona que lo desempeña.

Si una empresa no define correctamente los puestos de trabajo, a medio o a largo plazo se encontrará con que las personas que lo ocupan han acabado definiendo por sí mismas las tareas que tienen que desempeñar. Así nos podríamos encontrar con que dos administrativas que en teoría deberían desempeñar las mismas funciones acaban realizando tareas distintas y con métodos distintos.
Es la empresa quien debe definir qué se tiene que hacer y cómo, no al revés.

Empecemos con algunas aclaraciones:

Puesto de trabajo: Conjunto de tareas o actividades realizadas por una única persona. Es un elemento dinámico que se adapta a los cambios organizativos.

Tarea: Una de las más pequeñas unidades en las que puede ser descompuesto las actividades del trabajo de una persona. Utilizando un símil extraído de la física: es algo así como la molécula a la materia.

Organización: Conjunto de recursos (económicos, tecnológicos y humanos) distribuidos de forma racional con la intención de conseguir una finalidad.

Organigrama: Representación gráfica de los puestos de trabajo que existen en la organización así como su identificación y nivel de dependencia de cada posición.
La Descripción de puestos de trabajo (DPT) es un método para Recoger, Estudiar y Ordenar la información existente sobre un trabajo concreto.

También permite el análisis de las funciones y de las tareas obteniendo información de utilidad para la selección y evaluación de personal.

Se trata, por lo tanto, de un procedimiento metodológico que nos permite obtener toda la información relativa a un determinado puesto de trabajo, recogiendo los datos necesarios para facilitar la toma de decisiones en cuestión de Recursos Humanos.

Dessler (1994) define el análisis de puestos de trabajo como el "procedimiento para determinar las obligaciones y habilidades requeridas por un puesto de trabajo así como el tipo de individuo idóneo para ocuparlo" y Ducceschi (Puchol, 1993) como el "proceso de determinar, mediante observación y estudio, los elementos componentes de un trabajo específico, la responsabilidad, capacidad y los requisitos físicos y mentales que el mismo requiere, los esfuerzos y riesgos que comporta y las condiciones ambientales en las que se desenvuelve".

En general en la DPT se detallan:

¿Qué hacen?: Tareas, funciones o actividades que ejecutan en el desempeño del puesto. También contempla las actividades de orden físico y las de orden intelectual.

¿Cómo lo hacen?: Recursos que utilizan, métodos que emplean, manera como ejecutan cada tarea, máquinas, utensilios, materiales, equipo utilizado, normas a seguir, decisiones que hay que tomar, etc…

¿Para qué lo hacen?: Objetivos que pretenden conseguir, propósito de cada tarea.

Además indicaremos las cualificaciones o experiencia necesaria para que el empleado realice las diferentes tareas.

Toda esta información se puede especificar en una Ficha del Puesto de Trabajo o profesiograma.

Algunos de los datos que contendrá son los siguientes:

- **Identificación del puesto de trabajo.**
- **Misión.** Explicación breve de para qué existe el puesto y qué objetivos pretende cubrir.
- **Funciones.** La función no se debe confundir con la tarea. Para Desarrollar una función, se ejecutan tareas.
- **Organigrama.** Posición en el organigrama. Quién depende de él/ella y de quién depende él/ella (Jerarquía)
- **Resumen del puesto de trabajo**
- **Responsabilidades y objetivos**
- **Formación y experiencia necesaria**
- **Condiciones físicas del trabajo** (Movimientos repetitivos, cargas, posturas)
- **Condiciones ambientales del trabajo:** (Humedad, ruido, temperatura, iluminación, frío..)
- **Instrumentos de trabajo**
- **Aspectos sobre personalidad o psicológicos requeridos.** Rasgos de personalidad que

predisponen a desempeñar con éxito   el puesto de trabajo así como las características aptitudinales deseables.

La descripción debe de ser lo más objetiva posible en su redacción procurando evitar términos ambiguos o poco definidos. También es recomendable que la ficha sea lo suficientemente flexible como para adaptarla o cambiarla según las necesidades de la empresa o el mercado en el que opera.

También deberemos tener en cuenta los aspectos relativos a la retribución del puesto. En este sentido es importante destacar que la empresa debe fijar esta retribución en función del puesto y de las tareas y no de la persona. Esto evita agravios comparativos y una valoración de los empleados más objetiva.

Lógicamente, también se tendrán en cuenta los aspectos relativos a la seguridad y salud en el puesto de trabajo y a las condiciones en las que habrá que desempeñarse.

También indicaremos las consecuencias de una actuación incorrecta en el puesto.

IMPLICACIONES DE LA AUSENCIA DEL ANALISIS DE PUESTOS

- Incertidumbre sobre las obligaciones que corresponden a cada trabajador.
- Desconocimiento sobre las cualidades de cada trabajador.
- Ocasiona discrepancias sobre la manera de cómo realizar un determinado trabajo.
- Dificulta las exigencias al trabajador con relación al cumplimiento de su trabajo.
- Determina la evasión de responsabilidades o fuga de obligaciones.

- Puede generar la invasión de responsabilidades.
- No favorece a la planeación de las labores.
- Desfavorece al programa de fijación de sueldos y salarios.
- No permite el mejoramiento de los sistemas de trabajo.

¿QUÉ MÉTODOS EXISTEN PARA REALIZAR LA DPT?

- OBSERVACIÓN de las personas que ocupan el puesto
- ENTREVISTA INDIVIDUAL de ocupante
- ENTREVISTA DE GRUPO varios ocupantes
- REUNIÓN CON EXPERTOS personal experimentado para identificar los INCIDENTES CRÍTICOS aquellos rasgos que se repiten en las personas que desarrollan el puesto con más éxito.
- CUESTIONARIO DE PREGUNTAS ABIERTAS

El más utilizado y útil suele ser la entrevista estructurada con el jefe/a inmediato/a del puesto.

SELECCIÓN DE PERSONAL

La DPT tiene también una relación directa con la selección de personal.

Este proceso de selección se puede realizar tanto de forma interna como externa (empresa de selección, ETT, consultora..).

En el caso de precisar cubrir un determinado puesto de trabajo podemos aportar la DPT que tenemos sobre el mismo. Esto facilitará el trabajo y el proceso de selección. También indicaremos, en el caso de selección externa sobre todo, el perfil de la empresa, volumen de negocio, unidades de negocio, países, presencia, plantilla y toda la información adicional que consideremos oportuna.

FORMACIÓN DEL COLABORADOR

Con la DPT podemos saber si existen diferencias entre la formación que la persona que ocupa el puesto precisa en comparación con la requerida y consecuentemente diseñaremos un programa de formación para solucionar la posible diferencia existente.

EVALUACIÓN DEL COLABORADOR

Muchas personas se aterrorizan con solo escuchar la palabra evaluación. Pero si analizamos con frialdad el concepto, nos daremos cuenta de lo siguiente:

"Solo los malos empleados temen a la evaluación". Evidentemente, si usted realiza correctamente sus tareas y cumple con los objetivos, no temerá a una evaluación, muy al contrario. Los mejores empleados están encantados con que se les evalúe ya que ello permitirá conocer a la empresa el verdadero trabajo que desempeñan y, en algunos casos, reconocer los méritos oportunos al empleado.

Si tenemos realizada la DPT del puesto, la evaluación será mucho más sencilla. Resumiendo, solo tendremos que comparar las tareas que realiza con las que indica la DPT.

EVALUACIÓN DEL PERSONAL

Las empresas disponen de numerosos indicadores de actividad que se utilizan comúnmente. Podemos saber el volumen de facturación, las unidades vendidas, costes de personal, costes variables, punto de equilibrio, etc. Como ve, muchos de ellos están centrados en aspectos financiero-contables y/o comerciales.

Si deseamos conocer en qué grado las tareas que realizan los empleados se corresponden con los objetivos asignados, debemos evaluar al personal implicado.

La evaluación no debe de ser entendida como un proceso negativo sino más bien al contrario. La correcta evaluación nos permite ser objetivos en las "comparaciones" entre empleados evitando la subjetividad que a veces se emplea en la evaluación observacional del trabajador. Podemos dejarnos llevar por las apariencias en lugar de por los hechos palpables y objetivos y eso es un error.

Cuando el empleado conoce que está siendo evaluado también sabe que observaremos tanto lo que hace bien como lo que hace mal. La evaluación no solo se realiza para "cazar" al trabajador.

La evaluación informal es solo una parte de la solución.

Los principales objetivos de la evaluación están centrados sobre todo en Informar a los colaboradores cómo están desempeñando su trabajo en relación a lo que se espera de ellos además de poder reconocer los méritos y objetivos conseguidos.

La evaluación también nos ayuda a corregir las desviaciones y/o los errores que de forma casual o sistemática se vayan produciendo y que puedan afectar a largo plazo a otras personas o departamentos.

No es suficiente con realizar la evaluación si solo la conoce el/la jefe/a. Es necesario comunicar los resultados a la persona evaluada. De poco sirve que un profesor conozca el resultado del examen de un alumno si este no lo sabe.

Es también una herramienta que nos ayuda en la toma de decisiones sobre remuneración y ascensos.

Con los resultados de la evaluación podremos conocer las carencias formativas o habilidades complementarias que el trabajador necesitaría para realizar mejor su trabajo.

En la medida en la que podamos vincular las necesidades del puesto con las del empleado, estaremos contribuyendo a su motivación, ya que las personas, en general, se sienten más motivadas si pueden vincular un determinado trabajo con sus intereses y necesidades personales y profesionales.

Un par de definiciones sobre la valoración de puestos de trabajo (OIT, 1986):

"La valoración de puestos de trabajo es un método que permite analizar, y comparar las exigencias que la ejecución normal de un trabajo impone a un trabajador con independencia de su capacidad o su rendimiento.

"[...] Es un procedimiento cuyo objeto es determinar con precisión el valor relativo de las diversas funciones y que se utiliza como base para elaborar un sistema equilibrado de salarios."

Objetivos de la valoración:

Según Fernández Ríos (M. Fernández Ríos y J. C. Sánchez, 1997), el cual utiliza la enumeración de Lanham (1955):

1. *"Proporcionar datos reales, definidos y sistemáticos, para determinar el valor relativo de los puestos.*
2. *Proporcionar una base equitativa para la administración de sueldos y salarios dentro de la compañía.*
3. *Proporcionar datos para establecer una estructura de salarios comparable a la de otras compañías concurrentes en el mismo mercado de mano de obra.*
4. *Permitir a la administración medir y controlar con precisión sus costos de personal.*

5. *Servir de base para la negociación con el comité de empresa y los sindicatos.*
6. *Proporcionar una estructura para la revisión periódica de los salarios.*
7. *Crear principios claros y técnicas imparciales que permitan un tratamiento más objetivo de los salarios.*
8. *Servir de ayuda en los procesos de selección, colocación, movilidad y formación del personal.*
9. *Aclarar funciones, autoridad y responsabilidad, lo que contribuye a la simplificación del trabajo y a la eliminación de operaciones duplicadas.*
10. *Mejorar el clima laboral y la rotación de personal, aumentando, así, la motivación del personal y mejorando las relaciones entre empresa y trabajador".*

Sistemas de evaluación

Los diferentes sistemas de evaluación que podemos emplear dependerán en cierta medida de las características de la empresa o del puesto de trabajo por lo que podremos utilizar y combinar sistemas diferentes.

Sistema de evaluación por factores o cerrado

Emplea la evaluación de aptitudes, competencias, actitudes que se consideran necesarias para desempeñar un puesto de trabajo concreto.

Es aquel que se basa en la valoración de un conjunto de aptitudes, actitudes y competencias que se consideran necesarias para desempeñar adecuadamente un puesto de trabajo.
Es un sistema cerrado porque los factores que se emplean para su evaluación solo se ciñen a ese sistema.
Los factores que suelen emplearse en una evaluación cerrada:

* Cantidad de trabajo
* Calidad de trabajo

- Colaboración con otras personas o departamentos
- Iniciativa
- Espíritu de superación
- Etc..

Sistema de evaluación por objetivos o abierto

Suele medir los resultados de un grupo de personas en un tiempo determinado y según los objetivos fijados de antemano.
Es un sistema específico para cada individuo y relacionado con los objetivos de su puesto de trabajo.
Es un sistema abierto porque no está sujeto a factores concretos sino por los objetivos definidos y los resultados que haya obtenido.

Sistema de evaluación mixto
Es una mezcla de los dos sistemas anteriores.

Otros sistemas que podemos utilizar:

Escala de calificación basada en el comportamiento:
Emplean parámetros conductuales para su evaluación (actitud, comportamiento, interés..)

Método de comparación por pares:
Se comparan a los empleados por pares utilizando diferentes variables cualitativas y cuantitativas.

Método de investigación de campo:
Este método pretende evaluar qué hace un determinado empleado y qué le ha llevado a hacerlo de esa manera determinada (causas).

Método de Escala Gráfica:
El objetivo de este método es mostrar el desempeño de los empleados de una forma visual y gráfica mediante el empleo de elementos visuales.

Características de la evaluación del personal

Simplicidad. Todo sistema de evaluación debe ser sencillo y de fácil aplicación. En la medida que establezcamos sistemas complejos y laboriosos estamos dando facilidades para su no realización.

Flexibilidad. No hagamos sistemas de evaluación rígidos que nos aten en exceso. No olvidemos que los mismos son medios para lograr unos fines determinados. Si caemos en sistemas excesivamente cerrados perderemos libertad de actuación y eficacia en la evaluación.

Consecuente. A los colaboradores hay que evaluarlos en función de sus comportamientos, aptitudes, actitudes y resultados, y no en función de si nos caen bien o mal.

Globalidad. En el medida de lo posible hay que basarse en datos concretos, contemplando tanto los hechos favorables y positivos como los desfavorables y negativos.

Proximidad. Uno de los objetivos de la evaluación es la mejora de las relaciones interpersonales entre Jefe y Colaborador. Pues bien, a través de este proceso se trata de estimular a que cada Jefe se acerque a sus colaboradores con el fin de ayudarles a mejorar profesionalmente.

Progresividad. No tengamos prisa, ni tratemos de hacerlo perfecto desde la primera ocasión.

Oportunidad. Debemos tener bien presente que la evaluación no es un sistema de control, sino la ocasión que todo directivo tiene para mejorar los potenciales de sus colaboradores.

Neutralidad. En la evaluación no hay que buscar culpables ni responsables, sino tomar conocimiento de los hechos y causas con el fin de adoptar medidas de cara a mejorar en el futuro.

Periodicidad. La evaluación de personal estará sujeta a unos períodos de tiempo idénticos: anuales, semestrales,... El período de realización más habitual es el anual, si bien en función de las circunstancias particulares de cada caso se podrán fijar otros períodos más inferiores, nunca superiores.

Descendente. Para que una evaluación "funcione" realmente en una empresa debe empezar desde arriba, o sea, debe ser el Director General quien evalúe primero a los altos directivos, y estos a los Jefes de Departamento, y así sucesivamente a todos los niveles de la empresa. Ello, no sólo da credibilidad a la evaluación, sino que además, permite que los individuos conozcan primero como subordinados una técnica que deberán emplear con posterioridad como superiores.

FORMACIÓN DE LOS EMPLEADOS

La formación es una pieza clave en el desarrollo de las empresas y organizaciones y no una herramienta puntual que a veces, sin sentido se realiza de manera sistemática y sin una finalidad concreta.

La formación, por tanto, debe de ser entendida en un ámbito de actuación más global y con unos objetivos y finalidades claramente definidos. Mediante una formación adecuada las empresas pueden conseguir una mejora significativa en las cualificaciones y competencias profesionales de sus empleados, lo que redundará en una mayor competitividad.

La continua evolución del mercado nos obliga a realizar continuas acciones de formación que nos permitan adecuar nuestros niveles formativos a las necesidades de la empresa. De nada sirve ahora disponer de una licenciatura si no nos hemos reciclado adecuadamente.

Sin formación no hay progreso. La tecnología por sí misma no tiene sentido si no tenemos a una persona con los conocimientos adecuados para utilizarla. Un torno no funciona sin un operario cualificado. Un avión no vuela solo.

La formación es el eslabón que une la tecnología con el individuo. Las personas formadas y entrenadas son las que realizan los progresos de los que se benefician las empresas y la sociedad.

Pero la formación no debe tampoco de ser entendida como una responsabilidad única y exclusiva de la empresa o de su departamento de formación. Los empleados deben de ser conscientes que para mantener sus niveles de competencia necesitar reciclar sus conocimientos. Quizás en el momento de su contratación reunían los requisitos de formación y experiencia adecuados al puesto. Pero después de varios años, tal vez sus niveles de formación se han visto desfasados.

La adaptación al cambio tecnológico, a nuevas formas de trabajar, a la adquisición de nuevas destrezas y técnicas, las posibilidades de ascenso, etc, son algunas de las razones por las que los empleados demandan formación.

Existen diferentes vías por las que los empleados pueden recibir formación. Estas pueden ser privadas o subvencionadas. La formación continua es un derecho permanente de los trabajadores.

Todavía hoy, existen directivos que consideran la formación como una pérdida de tiempo, además de un gasto.

La formación por sí misma no puede provocar ningún cambio en las empresas. Son los empleados quienes después de recibir la formación la adecuarán y adaptarán a su trabajo y será en ese momento, cuando la formación tenga sentido.

Imagine una organización en la que la mayor parte de sus empleados están aprendiendo continuamente, tanto de forma interna como externa ¿No cree que a medio plazo eso producirá resultados positivos?

Formación es:

> *"Proceso intencional y sistemático de alterar la conducta de los miembros de una organización en una dirección que contribuya a la eficacia organizacional, que permita además establecer una armonía mayor entre los objetivos del*

> *individuo y los de la organización y que mejore, especialmente, la relación persona-puesto de trabajo"* (Peiró, 1992).

También sería válido el término "capacitar" que según la RAE significa: "Hacer a alguien apto, habilitarlo para alguna cosa".

Por ejemplo, según Nadler y Nadler (1989), la capacitación es un "aprendizaje que facilita la promoción de unos candidatos idóneos a un puesto concreto, distinto del actual, en un futuro próximo".

Precisamente, Prieto (1994) señala que el objetivo de la capacitación reside en "intervenir en la trayectoria profesional de un empleado, facilitándole los medios para que pueda hacerse cargo de un puesto distinto del actual".

Boterf (1991) indica que la cualificación no debe limitarse a la posesión de determinados conocimientos. Cualificación debe de ser entendida como un conjunto de competencias profesionales que agrupan los saberes y las experiencias de las personas. Esto se tiene muy en cuenta a la hora de planificar una formación concreta. Cada curso es diferente en tanto que cada curso cuenta con alumnos cuyas experiencias y conocimientos son diferentes.

Se trata de ir más allá de la simple generación de conocimientos. Las competencias organizacionales pretender trasferir el aprendizaje del individuo a la organización.

El Acuerdo Nacional para la Formación Continua (ANFC) define la formación continua como "proporcionar a los trabajadores de nuestro país un mayor nivel de cualificaciones que permita la promoción y desarrollo personal y profesional, contribuyendo, de esta manera, a la mejora económica y competitiva de nuestras empresas, a facilitar la adaptación a los cambios tecnológicos y organizativos y a propiciar el desarrollo de nuevas actividades económicas."

También lo señalado por Albizu (1997) se corresponde con los objetivos de la formación continua:

- Mejorar la competitividad de la empresa
- Mejorar el desarrollo de competencias

- Mejorar la calidad del trabajo
- Preparar al personal para introducir innovaciones o cambios.
- Motivar a los trabajadores
- Mejorar las relaciones interpersonales

Puchol (1993) también señala algunas características de la formación de adultos:

- Participativa,
- Individualizada (adaptada al ritmo de aprendizaje de cada cual),
- Que recurra al trabajo en grupo,
- Con apoyos audiovisuales,
- Concreta,
- Amena,
- Motivadora,
- Pertinente,
- Relevante,
- Encaminada a alcanzar objetivos concretos.

Las diferentes modalidades de formación como la presencial, semipresencial, a distancia, online o e-learning nos permiten disponer de diferentes sistemas para aprovechar las ventajas de la formación.

En este capítulo abordaremos los aspectos relacionados con la formación interna, externa, el plan de formación y la secuencia de un proceso de formación.

12.1. Formación interna:

Un plan de formación integral debe de contemplar en primer lugar todas necesidades que pretende satisfacer. Así, el plan de formación será el resultado del análisis de estas necesidades y de la búsqueda de soluciones que mediante la formación puedan satisfacer las necesidades detectadas.

La formación interna suele utilizarse como Formación de Entrada. Es la formación que directamente proporcionamos a las nuevas personas que se incorporan a nuestra organización. A veces se sustituye esta formación por un Manual de Bienvenida o de Acogida en el que se explica la organización general de la empresa, misión, valores, organigramas, ubicación del puesto, normativas internas o del departamento, comunicaciones, productos y servicios.

En cualquier caso, cuando alguien se incorpora a nuestra empresa, deberíamos proporcionarle directrices claras sobre la organización, la empresa y las tareas que debe desempeñar. Esta información puede entregarse en un manual y complementarse con formación interna. En muchas empresas, se selecciona a la persona adecuada pero se la deja "sola ante el peligro" sin más instrucciones que las que les proporcionan sus compañeros de trabajo. Esta situación provoca cierto desconcierto en el empleado y la sensación de estar desubicado.

La formación interna con frecuencia es impartida por mandos o trabajadores especializados que disponen de unos conocimientos específicos y relativos al puesto de trabajo que quieren transmitir y que quizás, no son comunes a otras empresas, por lo que la elección de un formador externo no sea la más adecuada.

Formación externa:

Si la empresa cuenta con los profesionales adecuados y el tiempo necesario, puede optar por la formación interna. Pero en muchos casos eso no es posible por lo que deben recurrir a servicios externos, bien contratando directamente los servicios de un consultor o formador freelance o de un centro de formación.

En cualquier caso, siempre será recomendable una formación a medida antes que un programa estándar. Otras veces, nos servirá perfectamente un programa genérico si lo que deseamos es aprender, por ejemplo, contabilidad u ofimática.

La formación podrá realizarse en las instalaciones de la empresa o en la escuela, independientemente que el profesor sea externo.
En algunos casos es recomendable que la formación se imparta en un lugar diferente a la empresa. Los empleados suelen acatar mejor las normas y sugerencias sino están en su empresa.
Si la formación se realiza en la empresa del cliente, tendremos que controlar que el "aula" esté bien habilitada. Muchas empresas que contratan formación a medida no disponen de recursos adecuados para que la formación se desarrolle en su empresa o creen que se puede hacer en una sala de reuniones sin pizarra o rotafolio.
Desde un punto de vista pedagógico, el lugar y el entorno deben de estar adecuados para facilitar el aprendizaje.

Si la empresa se decanta por esta opción deberá tener siempre presente que la acción formativa tendrá alguna relación e impacto presente o futuro en la empresa. No se trata simplemente de enviar al trabajador a un curso. Posteriormente deberían realizar un estudio sobre el impacto de la formación en el puesto o en la productividad, eficacia o eficiencia detectada en el trabajador, etc.. Solo así podremos saber si la formación recibida ha sido útil para la empresa.

Aspectos a tener en cuenta si deseamos realizar la formación en nuestra empresa

Planificar adecuadamente los objetivos de la acción formativa en relación a las necesidades de la empresa y las de los participantes.
La acción formativa deberá dar respuesta a las siguientes preguntas:

> **QUÉ** (Qué queremos enseñar, mostrar, ilustrar..)
> **QUIÉN** (Será el/la formador/a)
> **QUIÉNES** (Serán los participantes y el nivel de partida)

> **CÓMO** (Explicaremos los diferentes contenidos)
> **CUÁNDO** (Impartiremos la formación. Horarios, duración, descansos.)
> **DÓNDE** (Se realizará la acción formativa)
> **POR QUÉ** (Deseamos realizar esta acción formativa y qué objetivos se persiguen)

Algunos aspectos a considerar:

Aula o sala que utilizaremos
Asientos, mesas y disposición de los mismas (Aula tradicional, en U, en V, en Herradura, en círculo, gran mesa, grupos de trabajo..)
Iluminación y temperatura
Mandos a distancia preparados para los equipos audiovisuales, aire acondicionado, pilas, etc..
Manuales y documentación que se entregará a los asistentes, nº de copias, encuadernación
Listas de asistencia
Folios, bolígrafos..

Cuando el alumno llega al aula de lo único que debe preocuparse es de aprender y centrar su atención en el formador o formadora. No en el entorno, si hace frío o calor, ruidos, pérdidas de tiempo porque el formador tiene que preparar el proyector o no encuentra el mando del equipo de dvd, por ejemplo.

El objetivo principal de la formación es que el alumno aprenda. No demostrar que usted sabe mucho. Todas las actividades deben girar en torno a unas ideas previamente establecidas que posibiliten el aprendizaje.
Y aprendizaje exige repetición y práctica.

La PNL (Programación Neurolingüística) nos proporciona algunas herramientas útiles para la enseñanza.

El concepto PNL, fue creado por John Grinder y Richard Bandler, a principios de los años setenta.

Son tres los aspectos que componen la PNL:

Programación: se refiere al proceso de organizar los elementos de un sistema (representaciones sensoriales), para lograr resultados específicos.
Neuro: (del griego "Neurón", que quiere decir nervio), representa el principio básico de que toda conducta es el resultado de los procesos neurológicos.
Lingüística: (del latín " Lingua", que quiere decir lenguaje), indica que los procesos nerviosos están representados y organizados secuencialmente en modelos y estrategias mediante el sistema del lenguaje y comunicación.

La PNL define que las personas utilizamos sistemas de representación internos que nos ayudan a comprender la realidad externa. Los sistemas de representación son:

- Auditivos (Sistema predominante la vista)
- Visuales (Sistema predominante el oído)
- Kinestésicos (Sistema predominante el tacto)

En general, todas las personas utilizamos los tres modos. Sin embargo, cada una lo hace en una proporción diferente. Así tenemos a los primariamente visuales, ya que preferentemente utilizan este modo, o los primariamente auditivos o primariamente kinestésicos.

Korzybsky decía que *"El mapa no es el territorio"*. Cada persona construye su propia realidad a partir de sus sistemas de representación. Por lo que cada individuo tiene su propio mapa, aunque ello no signifique que el mapa sea una imagen real del territorio.

Todos utilizamos mapas en nuestra vida cotidiana, pero no olvidemos que son simples mapas por lo que pueden estar mal detallados, estar incompletos o simplemente ser erróneos. Por muy detallado que sea, solo será un mapa. Podemos tener un mapa muy detallado para ser malvados.

Disponemos de mapas de muy diversa índole que son los que, en definitiva, configuran nuestro propio atlas del mundo.

Si cambiamos de mapa, podemos percibir el territorio de una manera distinta.

La PNL plantea de esta forma una nueva manera de ayudar a las personas para que puedan cambiar de mapa e interpretar el territorio de manera distinta.

Los sistemas de comunicación y las modalidades de representación juegan un papel muy importante en la formación porque por medio de estos, los alumnos procesarán la información externa representando un mapa fiel al territorio. Esto quiere decir que si usted conoce la forma de "sintonizar" con cada modalidad, auditiva, visual o kinestésica, le será más sencillo transmitir su mensaje y que este llegue, con la mínima perdida de información, a sus destinatarios.

Una manera sencilla de aplicar la PNL a la enseñanza es intentar utilizar los tres modalidades (auditiva, visual y kinestésica).

Por ejemplo. Un alumno, primariamente visual preferirá que las explicaciones las realicemos utilizando el proyector o ver gráficos en la pizarra, mientras que uno auditivo preferirá las explicaciones del docente o la lectura. Pero el alumno primariamente kinestésico optará por la práctica.

Si el docente es primariamente visual y en general, utiliza preferentemente esa modalidad en sus explicaciones, hay muchas posibilidades que no capte la atención de los auditivos o los kinestésicos, pero sí sintonice muy bien con los visuales.

Por ese motivo, es recomendable utilizar los tres modos.

Si el docente tiene que explicar, por ejemplo, el funcionamiento de un motor puede hacerlo, en primer lugar exponiendo verbalmente las partes y fundamentos y luego acompañar las explicaciones de algún vídeo o imagen ilustrativa para acabar, demostrando físicamente y con un motor real su funcionamiento. Como colofón, los alumnos pueden aplicar lo aprendido en un ejercicio práctico que combine las tres modalidades.

Durante el curso y siguiendo las directrices anteriores es muy recomendable utilizar diferentes métodos que nos permitan alcanzar los objetivos. En función del tipo de curso y de los participantes se hará más hincapié en la utilización de uno u otro sistema. Algunos son los siguientes:

Método del caso: Planteamos a los alumnos un caso real o ficticio y se pide su resolución. Es un buen método para fomentar el trabajo en equipo.

Lección magistral: Suele ser el método tradicional en el que el formador explica de forma verbal o gráfica un determinado tema. En algunos casos es similar a la conferencia y la principal dificultad es que en ocasiones el formador no puede comprobar si los alumnos han asimilado los contenidos.

Formación en el puesto de trabajo: Útil en el caso de que al alumno se le hayan proporcionado las herramientas teóricas previas. El formador tutela y supervisa al alumno las tareas que realiza. Un ejemplo lo tenemos en el carné de conducir.

Dramatizaciones o Role-Playing: Se suele utilizar para la formación en habilidades interpersonales. El alumno asume un determinado rol según las indicaciones del docente. Comúnmente utilizada en cursos de ventas, atención al cliente, reclamaciones..

Método del descubrimiento: Mediante el método de ensayo y error, el alumno consigue descubrir los conocimientos que previamente el formador había determinado. En ocasiones es mejor que el alumno llegue a una determinada conclusión gracias al descubrimiento que si simplemente el docente le proporciona la información.

Discusión en grupo: Recomendable en grupos pequeños. El docente hace las funciones de moderador y guía a los alumnos entorno a la discusión de un determinado tema. Es útil ya que permite la interacción y comunicación entre los asistentes y posibilita ver diferentes puntos de vista.

Todos estos métodos pueden ser complementados con recursos y medios audiovisuales como la pizarra, el rotafolio, el video, el proyector de transparencias, el proyector conectado a un ordenador, etc..

No es conveniente abusar de ninguno de estos recursos. El docente debe ser quien dirija la actividad formativa y no "escudarse" en el proyector o trasparencias. Lo bueno si breve, dos veces bueno.

Impacto de la formación

La formación también debe de ser evaluada para comprobar su eficacia.
Una vez finalizado el curso conviene entregar un cuestionario a los asistentes para medir los aspectos relacionados con la acción formativa como:

- El/la formador/a
- El programa formativo
- Logro de los objetivos formativos
- Combinación de la teoría y la práctica
- La duración
- Los materiales
- Las condiciones del aula
- Utilidad de la formación recibida

Antes hemos comentado que el curso de formación tiene que ser el resultado de un análisis previo de necesidades y que, por lo tanto, el curso es parte de la solución de un problema.

Transcurrido un tiempo desde la finalización del curso conviene estudiar si los alumnos han aplicado los conocimientos en el puesto de trabajo y cuál ha sido el impacto de la formación.

Podemos medir el impacto de la formación mediante encuestas de evaluación interna, evaluación externa, observación directa e informalmente.

Muchas empresas realizan formación para sus empleados pero no saben qué temas se han tratado en el aula y a qué conclusiones han llegado los participantes. Es necesaria una mayor implicación de la empresa en conocer las recomendaciones del formador y de los alumnos para un mejor aprovechamiento de la formación. Solo así será de utilidad.

Por mi experiencia en formación he podido formar a muchos alumnos. Probablemente más de 4000. He impartido cursos para empresas a medida en los que los participantes han realizado numerosas aportaciones y han debatido sobre sistemas de mejora y cómo aplicar lo aprendido en el puesto de trabajo.

En la mayoría de estos cursos me hubiera encantado que sus superiores hubieran podido estar presentes o al menos interesarse por lo que se trató en clase. De nada sirve que aprendan nuevas formas de trabajar si después no cuentan con el respaldo por parte de la empresa necesario para aplicarlo.

En otras ocasiones, he formado a mandos que me comentaban al final del curso "este curso lo tendría que hacer mi jefe/a".

¿De qué sirve que un mando realice un curso de habilidades directivas si su superior se salta todas las normas estudiadas?

TÉCNICAS DE COMUNICACIÓN EN PÚBLICO

> *El que sabe pensar, pero no sabe expresar lo que piensa, está en el mismo nivel del que no sabe pensar.* **Pericles**

Una de las habilidades que debe conocer un/a dirigente es la de hablar y comunicar en público.

Parte de sus funciones están relacionadas con la comunicación e interacción con los empleados y superiores por lo que es muy importante saber hacerlo bien.

El directivo, como cualquier persona, no está exento del "miedo" que algunas personas experimentan cuando tienen que hablar en público. Algunos prefieren la conversación cara a cara para evitar "enfrentarse" al grupo. Es bastante normal y natural.

Tal vez necesite comentar o explicar los resultados económicos de la empresa, la estrategia o los objetivos corporativos a un grupo de personas y es en ese instante cuando precisará disponer de un mínimo bagaje que le permita salir airoso de esa situación. Con unos mínimos conocimientos y la técnica adecuada le resultará más fácil.

Eso es lo que veremos en este capítulo.

Empezaremos por algunas definiciones clásicas y que no por ello, menos importantes.

A veces llamamos comunicación a lo que no lo es. Entendemos, en general, que comunicación es el enlace entre dos puntos haciendo partícipe a otro lo que uno conoce. La comunicación necesita interacción mientras que la transmisión no. La comunicación es un proceso de interrelación entre dos o más personas para poner en común o compartir algo.

Sin embargo, transmitir consiste en emitir un mensaje sin tener en cuenta las condiciones del oyente.

En la mayoría de procesos comunicativos lo que nos interesa es comunicar una información determinada a un grupo de personas procurando que la información llegue a los destinatarios con la menor pérdida posible.
Para ello, estableceremos algunas pautas y consejos que nos permitan disponer de un método para conseguir nuestros objetivos comunicativos.

Supongamos que deseamos realizar una reunión con todos nuestros colaboradores para exponer los objetivos comerciales para el próximo semestre. Empezaremos por elaborar el "**guión**".
El guión nos permite estructurar las ideas principales que deseamos comunicar de una forma lógica y ordenada. Si las ideas están desordenadas en nuestra cabeza, imagine como estarán en la de los oyentes.

Elabore una lista de las **ideas principales** que desea comunicar y hágase las siguientes preguntas:

¿Qué deseamos conseguir con esta presentación?
¿Cuál es el punto de partida?
¿Dónde queremos llegar?

Planifique. Sepa que toda presentación tiene un tiempo limitado y que no podemos explicarlo todo. Haga un esfuerzo por resumir y sintetizar lo más importante. Es preferible explicar 3 o 4 ideas en una hora y que se comprendan que 10 y que no se entiendan.

En general, la mayoría de las ideas se pueden estructurar de la siguiente forma:

INTRODUCCIÓN. Se anuncia aquello que se desea transmitir
DESARROLLO. Se explica lo que se quiere decir

> CONCLUSIÓN. Se cierra y resume lo que se ha presentado

Así que para cada una de las ideas deberá preparar una breve introducción, un desarrollo y una conclusión. Es como si cada idea fuera el capítulo de una serie. De esta forma, a los oyentes les será más fácil separar y distinguir las diferentes ideas del guión y observarán una estructura en su discurso.

Preparación

La duración de la intervención condiciona la preparación del discurso.

No es lo mismo preparar una intervención de 5 minutos que una de hora y media.

Cuando se prepara un discurso hay que **intentar ajustarse a un tiempo algo inferior** al que uno tiene previsto, ya que durante el mismo es frecuente que uno tienda a extenderse (saludos, agradecimientos, alguna anécdota improvisada, etc.)

Siempre es preferible quedarse corto que sobrepasar el tiempo asignado.

Durante la preparación podemos plantearnos las siguientes cuestiones:

Con relación al tema y a los asistentes:
¿De qué hablaré exactamente. Temas e ideas
¿Quiénes formarán parte de mi público?
¿Qué saben del tema?
¿Qué saben de mí?
¿Qué saben de mi departamento-empresa..?
¿Qué esperan de mi presentación?
¿Qué deberían saber al final de mi presentación?

Con relación a los objetivos
¿Cuál es el objetivo principal de mi presentación?
¿Cuáles son los objetivos secundarios?
¿Qué esperan de mí?
¿Qué tengo que evitar?

Con relación al contenido

¿Qué información es realmente necesaria para hacer mi discurso eficaz?

¿Qué deberé decir?

¿De qué forma relaciono los diferentes apartados y datos?

¿Qué ejemplos utilizaré?

¿Qué datos emplearé?

¿Qué gráficos mostraré?

Con relación a la forma y estrategia

¿Cómo comenzaré mi intervención?

¿Qué forma daré a mi presentación?

¿Cómo expondré el desarrollo de las ideas?

¿Qué argumentos me reservo para el final?

¿Cómo debería ser el cierre?

¿Cómo implicaré a mi público?

¿Estaré todo el tiempo hablando o estableceré alguna pausa?

¿Puedo estar tanto tiempo hablando sin parar?

Con relación a la organización

¿De cuánto tiempo dispongo?

¿Cuál es el horario de mi intervención? Hora de inicio y hora de finalización.

¿De qué medios dispongo? Proyector, rotafolio..

¿Espacio físico?

¿Cómo estará dispuesto el público?

¿Cómo organizo mi documentación?

¿Somos conscientes de las posibles objeciones?

¿Tenemos respuestas para estas objeciones?

¿Con qué otros problemas podemos encontrarnos?

¿Cómo los resolveremos?

Etapas del proceso comunicativo

Cuando empiece su presentación deberá seguir una sencilla estructura.

Captar la atención
Motivar
Desarrollar las ideas
Concluir

Captar la atención

En esta fase, deberá conseguir una disposición de escucha favorable por parte del público. Se dice que sin atención no hay retención.
Nuestros esfuerzos en esta etapa estarán centrados en captar la atención de los oyentes.
Son varios los factores que pueden ayudarnos a captar la atención, como por ejemplo, los gestos, nuestra comunicación no verbal, forma de vestir, el tono de voz, el ritmo, las pausas, el volumen, el mensaje, las preguntas, etc..

Como vimos en el capítulo dedicado a la comunicación no verbal, ésta tiene una enorme importancia en el mensaje que deseamos transmitir y por lo tanto, deberá tenerla muy en cuenta. Por ejemplo, en muchos casos, la comunicación no verbal tiene un peso del 85% frente al 15% de la comunicación verbal en cuanto a la captación de la atención. Un mimo es capaz de llamar mucho más la atención que un mal discurso.
A veces una técnica para captar la atención es empezar la presentación con una pregunta. Por ejemplo "¿Les gustaría saber cómo podemos ahorrar un 10% en material de oficina?".

Como recordatorio de la comunicación no verbal:

---

1) La comunicación no verbal, generalmente, mantiene una relación de interdependencia con la interacción verbal.

 2) Con frecuencia los mensajes no verbales tienen más significación que los mensajes verbales.

 3) En cualquier situación comunicativa, la comunicación no verbal es inevitable.

 4) En los mensajes no verbales, predomina la función expresiva o emotiva sobre la referencial.

> 5) En culturas diferentes, hay sistemas no verbales diferentes

La mirada

La mirada es como un anzuelo con el que "enganchamos" al oyente. Representa un papel muy importante en la comunicación y nos ayuda a conectar con la audiencia. Un ponente que no mira al público y que solo centra su atención en la documentación tardará muy poco en perder el interés de la audiencia.

Si no mira al público dará la sensación de falta de seguridad y de interés.

Una forma de "mirar" es realizar continuamente barridos de izquierda a derecha y viceversa. Estos barridos deben centrarse en las personas y realizarse solo por zonas. Esto debe realizarlo de forma rutinaria y sistemática.

Un error muy común en los "novatos" es centrar su mirada solo en las personas que le proporcionan feedback o que parece que le escuchan, olvidándose de mirar al resto. Fácilmente, las personas que no se han sentido retenidas por la mirada al cabo de un cierto tiempo empezarán a despistarse o a hablar entre ellas, murmurar, etc..

Mire a todas y cada una de las personas, sobre todo si se trata de un grupo reducido. En grupos muy amplios lo hará por zonas.

Cuando inicie su presentación céntrese en captar la atención y conseguir que todos estén atentos a lo que va a decir. Un buena puesta en escena, la formulación de una pregunta al principio, el sonido, luces, etc..,pueden ayudarle, pero sobretodo, tenga en cuenta que no deberá empezar hasta haber captado la atención del público.

Motivar a la audiencia

Una vez conseguida la atención de los oyentes debemos motivarlos para que esa atención continúe.

La motivación en comunicación pretende implicar activamente a la audiencia en lo que deseamos transmitir. Deseamos hacerles partícipes del mensaje y que se sientan integrados en el proceso.

Para ello, podemos utilizar esquemas, ayudas visuales o auditivas, realizar ejercicios en equipo, etc..

Otra forma es hacer preguntas. No se trata de hacer preguntas como si se tratara de un examen sino de emplear la pregunta para fomentar la participación.

Desarrollar las ideas y concluir

Cada discurso debe tener una o varias ideas principales que usted debe desarrollar. Generalmente las ideas se componen de 4 unidades:

- Una descripción de lo que queremos exponer
- Comentar lo que estamos exponiendo
- Utilizar ejemplos concretos y prácticos
- Sugerir soluciones para los problemas que podamos plantear

Por ejemplo, podemos empezar con un ejemplo, continuar con una definición, con una interpretación y con un comentario de cierre. Puede modificar estos pasos como desee.

La conclusión no se improvisa. Deberá tener una conclusión preparada para cada tema y una específica para el final de su discurso. Es más fácil que recuerden la conclusión que el núcleo de su charla por lo que conviene que la prepare a fondo.

Cualidades del mensaje

- QUE SEA SENCILLO
- QUE SEA PRECISO
- QUE SEA AMENO
- QUE SEA PERSUASIVO

Comprobaciones finales

Listas de comprobación

Aspectos generales:
¿Tengo claro cómo empezaré?
¿Tengo claro cómo acabaré?
¿Cuál es la impresión general?
¿Hay coherencia entre la presentación, contenido y conclusión?
¿Puedo controlar la postura de mi cuerpo?
¿Puedo controlar mis gestos?
Mi discurso ¿Hace un llamamiento a la acción?

Aspectos relacionados con el contenido del discurso
En general. Mi discurso cumple con unas ciertas normas de calidad.
¿Sabré exponer mis ideas de una forma clara y precisa?
¿Sabré exponer mis ideas de una forma amena?
¿Tengo ejemplos y anécdotas suficientes?

Aspectos relacionados con la estructura del discurso
¿Tengo bien estructurada mi presentación?
¿Son fáciles de interpretar las conclusiones?

Aspectos relacionados con el lenguaje
¿Utilizo un vocabulario adecuado a la audiencia?
¿Tengo en cuenta el nivel de preparación de mis oyentes?
¿He construido el discurso con frases cortas y claras?

Aspectos relacionados con la motivación del público
¿Empleo la regla de Razón-Corazón?
¿Utilizo la técnica de las preguntas?
¿He construido un discurso que implique al público e incite a participar?
¿Mi actitud genera credibilidad?
¿Transmito el suficiente entusiasmo?
¿Soy capaz de emocionar a los oyentes?

Aspectos relacionados con la captación y mantenimiento de la atención
¿Vocalizo claramente?
¿Utilizo el sentido del humor?
¿Mis gestos son adecuados? ¿Me he grabado en alguna ocasión para ver mis gestos?
¿Tengo previsto hacer la presentación de una forma original? ¿Cómo?
¿Mi presentación personal es adecuada?
¿Soy consciente de que debo establecer contacto visual con el auditorio?

Aspectos relacionados con la capacidad de comunicar
¿Procuro estar tranquilo?
¿Tengo prevista la presencia de pausas y silencios que relajen al público?
¿Tengo control de la situación en caso de que alguna persona reaccione de alguna manera no prevista?
¿Controlo la entonación y el tono de voz que he de utilizar?

Aspectos relacionados con los medios auxiliares que se deben utilizar
¿Qué recursos auxiliares emplearé?
¿He comprobado el funcionamiento correcto?
¿Sé cómo funcionan?
¿El tiempo dedicado a la utilización de estos medios es el adecuado?
¿Las trasparencias que utilizo dan una buena imagen gráfica?
¿Las trasparencias son claras y con una imagen bien creada?
¿El tipo de letra utilizado se lee con claridad a distancia?
¿Tengo en cuenta que si las presentaciones visuales no deberían superar el 20% de mi presentación?

Miedo escénico

Alguien puede ser un excelente profesional pero ser incapaz de comunicar algo en público. Es algo que he comprobado en infinidad de ocasiones. Personas competentes pero que el simple hecho de tener que hablar en público ya les provoca un pánico atroz. Son capaces de cualquier excusa para evitar hacerlo. Y no solo en la empresa, también en un curso cualquiera.

Hasta ahora hemos visto cómo podemos estructurar una presentación y los aspectos más relevantes para poder llevarla a cabo, pero para poder hacerlo bien, necesitamos dominarnos a nosotros mismos.

Una presentación puede estar muy bien organizada y estructurada pero si el ponente no está en el nivel deseado puede venirse abajo. Es conveniente en este punto hablar del famoso "miedo escénico" que experimentan algunas personas ante la obligación de tener que hablar ante un auditorio.

¿Qué es el miedo escénico? Independientemente de definiciones academicistas todos sabemos que nos referimos al miedo o temor a hablar en público, miedo que se manifiesta como sudoración, sequedad en la boca, palpitaciones, rubor facial, temor al fracaso, bajo volumen de voz, etc..

El miedo y el temor son cosas diferentes según (Yagosesky, Renny. 2001. *El Poder de la Oratoria*). El miedo es una respuesta biológica ante un hecho real de algo percibido como amenaza, mientras que el temor es una respuesta provocada por anticipaciones mentales de cosas que no han sucedido (y probablemente no sucederán).

Por este motivo sería más exacto hablar de temor escénico que de miedo.

Como hemos visto, el temor es un adelanto que hacemos en nuestra mente de acontecimientos futuros que en muchas ocasiones no tienen justificación alguna. Nos imaginamos haciendo una presentación y en lugar de ver la parte positiva nos dedicamos a imaginar todas las cosas que pueden salir mal. La batalla pues, está en nuestra mente. Si nos obsesionamos con lo que podrá salir mal, en parte nos estamos programando y visualizando lo que ocurrirá. Esto es la Profecía autocumplidora.

No se adelante a los acontecimientos. Piense que va a salir bien. Prepárese a conciencia. Sea positivo.

Imagine a un atleta. Puede que esta persona entrene a diario y en muchas ocasiones solo. Sin embargo, en el momento en el que debe dar el 200% (unas olimpiadas por ejemplo) tiene que hacerlo delante de millones de personas y no solo tiene que hacerlo bien; además debe intentar batir un record. Menuda situación, pensará. Puede que el público le paralice completamente pero también puede que suceda lo contrario y el público le proporcione el extra de adrenalina que necesita.

Un cierto grado de tensión es bueno si nos ayuda a estar más atentos y alertas, pero será malo si nos incapacita. Por lo tanto, es normal que esté nervioso/a antes y durante la presentación, pero ello no significa que deba inutilizarle para poder hacerla en condiciones.

Imagínese teniendo éxito, haciendo una buena presentación, dirigiéndose al público con decisión y viendo como los demás le escuchan porque usted tiene algo que decir. Elimine de sus pensamientos cualquier idea negativa y sobre todo, ensaye, ensaye y ensaye. Con las técnicas y predisposición adecuadas sus presentaciones no serán un problema sino una oportunidad. El triunfo le espera.

CREATIVIDAD

Una de las cualidades de un buen mando o directivo es la creatividad. Sin embargo no tiene que ser exclusiva del jefe. Es más, se tiene que potenciar en todos los niveles de la organización.

Los mejores directivos del futuro deberán reunir unas buenas dosis de creatividad en sus decisiones si quieren ser diferentes a los demás.

Todos hemos escuchado la frase "si ya está todo inventado". Se equivocan. Siempre existirán mentes lo suficientemente creativas como para buscar nuevas utilidades, formas o diseños para sus productos.

La creatividad nos permite ver otras realidades y puntos de vista y nos ofrece nuevos enfoques para la resolución de problemas y conflictos de una forma original.

Si los equipos de trabajo o los círculos de calidad aplican técnicas para mejorar su creatividad, también podrán ofrecer soluciones diferentes a las lógicas y comunes lo que podrá diferenciar de la competencia.

La palabra creatividad deriva del latín "creare", emparentada con "crecere", que significa crecer; por lo tanto la palabra creatividad significa "crear de la nada".

Murray, H (1959) define la creatividad como el "Proceso de realización cuyos resultados son desconocidos, siendo dicha realización a la vez valiosa y nueva".

Uno de los principales investigadores sobre la creatividad es Guilford, quien a mediados del siglo XX propone el término de creatividad y define que ésta y la inteligencia no son lo mismo. La creatividad es un complemento de la inteligencia.

Torrance demuestra en 1963 que el 70% de los sujetos considerados como creativos en una muestra, serían excluidos si se tratara de seleccionar a los que tuvieran un cociente de inteligencia más alto, independientemente del tipo de prueba de inteligencia aplicada.

Existen personas que de manera natural son extremadamente creativas. Pero también puede ser una habilidad que podemos aprender a potenciar.

La creatividad, en principio, no tiene relación con la inteligencia, como demuestran algunos estudios, pero sí existen ciertos rasgos de personalidad que nos ayudan a diferenciarlos, como la introversión, les suele gustar la soledad, la intuición e incluso, dificultades para relacionarse con los demás. Tampoco suelen preocuparse en exceso de la opinión que los demás tienen de ellos, ni de las normas o convenciones sociales. Otros indicadores relacionados con la creatividad pueden ser la originalidad, la sensibilidad, la innovación o la independencia.

Barron al estudiar las diferencias que tenían las personas más creativas con las no creativas encontró que las personas más creativas respondían y toleraban más el desorden que los no creativos.

En 1970 Edward De Bono, acuñó los términos "Pensamiento Lateral" y "Pensamiento Vertical" o pensamiento lógico.

Consideró que el pensamiento vertical tiene ciertas limitaciones cuando se trata de encontrar soluciones a problemas nuevos que exigen nuevas ideas. Para ello es necesario aplicar el pensamiento lateral o creativo.

¿Se han fijado como los niños y niñas sacian su curiosidad? Tienen un método extraordinario. El famoso ¿Por qué? Con esta sencilla pregunta llegan a cualquier sitio. Eso mismo deberíamos de hacer nosotros. Plantearnos continuamente si la decisión adoptada es la mejor y por qué. Es también una técnica de embudo ya que nos permite formular el por qué una y otra vez sobre una misma cuestión hasta llegar al fondo del asunto.

También son numerosos los estudios focalizados a encontrar rasgos que identifiquen a las personas creativas. Algunos de los más importantes son lo que se citan a continuación y que agrupan los mencionados por Torreance (1978) y Guilford (1950) en sus respectivos estudios:

- **Confianza en sí mismo**
- **Flexibilidad**
- **Capacidad de asociación**
- **Fineza de percepción**
- **Capacidad intuitiva**
- **Imaginación**
- **Capacidad crítica**
- **Curiosidad intelectual**
- **Soltura y libertad**
- **Entusiasmo**
- **Profundidad**
- **Fluidez**
- **Originalidad**
- **Tenacidad**

El investigador Barron (1969) realizó un estudio sobre creatividad entre escritores contemporáneos, matemáticos, arquitectos y científicos, encontrando una serie de rasgos comunes como:

- **Tienen alto grado de capacidad intelectual**
- **Valoran las cosas intelectuales y cognoscitivas**
- **Valoran su propia independencia y autonomía**
- **Tienen fluidez verbal y expresa bien sus ideas**
- **Les agradan las expresiones estéticas y reaccionan a la belleza**
- **Son productivos**
- **Se interesan por los problemas filosóficos, como la religión, los valores, el sentido de la vida, etc.**
- **Tienen grandes aspiraciones**
- **Tienen una amplia gama de intereses**
- **Piensan y asocian ideas en forma poco usual: los procesos del pensamiento son informales**
- **Son personas interesantes y atractivas**
- **Parecen honrados, francos y sinceros en su trato con los demás**
- **Se comportan siempre de un modo honrado y están de acuerdo con sus modales personales**

Estos son algunos de los rasgos de las personas creativas pero no significa que si usted no los tiene no pueda ser creativo. La creatividad se puede entrenar y se pueden utilizar técnicas y dinámicas de grupo para "forzarla" de alguna forma. Entiéndase que el uso que aquí se le da a la palabra forzar se refiere a que podemos generar la creatividad de una manera más o menos artificial o utilizando técnicas de ayuda.

Si pensamos de la misma forma y solo aplicamos la lógica o el pensamiento convergente casi siempre obtendremos resultados mediocres. La creatividad implica pensar de manera diferente a como lo solemos hacer. Realizar nuevos planteamientos sobre lo conocido, ver situaciones desde perspectivas diferentes, replantearnos las evidencias y las soluciones, dudar y ser curiosos.

Las empresas que generan equipos de trabajo creativos tendrán ideas creativas. Es fundamental que las compañías apuesten por el fomento de la creatividad en sus equipos. La experiencia diaria nos demuestra que puede quedar muy bonito expresado en un libro pero la realidad suele ser bien diferente. Probablemente en España, no superen el 10% las empresas que utilizan el trabajo en equipo. Pero de ese grupo de empresas que trabajan en equipo ¿Cuántas aplican el trabajo en equipo de forma creativa? Observará que muy pocas. Por eso, algunas empresas consiguen destacar respecto a la competencia. Una pequeña empresa con la suficiente creatividad y talento puede llegar a batirse con los gigantes.

¿Cómo bloqueamos la creatividad?

Observará que la mayoría de niños y niñas son muy creativos e imaginativos ¿Qué ha sucedido en el camino para que cuando somos adultos dejemos de ser tan creativos? Quizás el entorno, la cultura o las normas han influido de alguna forma bloqueando la creatividad.

Incluso las mentes más creativas pueden bloquearse debido a estímulos externos o internos. Algunos de los bloqueos más conocidos son los siguientes:

- Ser demasiado racionales (lógicos)

- Poseer demasiada especialización

- Falta de confianza.

- Escasa motivación a la tarea en la que debe aplicar la creatividad

- Respeto excesivo por la autoridad.

- Poca capacidad de crítica

- Miedo al ridículo

- Abandonar antes de tiempo

- Miedo a cometer errores y al fracaso

- Falta de flexibilidad

También pueden ser:

Bloqueos emocionales: En general miedo a hacer el ridículo, o a equivocarnos, y está relacionado con una autocrítica personal negativa.

Bloqueos perceptivos: Al percibir el mundo que nos rodea, lo vemos con una óptica limitada y reducida, no pudiendo observar lo que los demás, los creativos, ven con claridad.

Bloqueos culturales: Las normas sociales nos entrenan para ver y pensar de una manera determinada, lo que nos da una visión estrecha.

Rossman (1931) definió las fases del proceso creador en 7 etapas.

1.- Observación de necesidad o dificultad.

2.- Formulación del problema.

3.- Revisión de la información disponible.

4.- Formulación de soluciones.

5.- Examen crítico de las soluciones.

6.- Formulación de nuevas ideas.

En cierta ocasión le preguntaron a Einstein en qué creía que residía la diferencia entre su inteligencia y la del resto de las personas y este contestó:

> "**Cuando la mayoría de la gente busca una aguja en un pajar, se detiene una vez que la han encontrado. Pero yo sigo buscando hasta descubrir una segunda, una tercera, y tal vez, con mucha suerte, una cuarta aguja**".

Dinámicas de grupo y técnicas variadas

Anteriormente vimos el funcionamiento de los equipos de trabajo y de los círculos de calidad. Pero, no es suficiente con disponer de un equipo de personas. Es necesario dotarlo de herramientas y técnicas que les permitan aprovechar todo el potencial del mismo y fomentar su creatividad.

Las dinámicas de grupos permiten explorar esas posibilidades y generar soluciones a problemas o establecer técnicas para mejorar el trabajo en equipo. También son útiles en las sesiones de formación ya que permiten aumentar la participación de los miembros del grupo.

Algunos de los métodos son los siguientes:

Brainstorming o "tormenta de ideas"

Es una técnica desarrollada para el fomento de la creatividad en grupos, esta clase de técnicas, entre las que se incluyen también la "Sinéctica", el método K-J, o la solución creativa de problemas, surgen con el propósito de incrementar la producción y la fuerza creativa del trabajo en grupo. La mayoría de estas técnicas tienen una serie de etapas como las que siguen:

> a) Preparación: Fase principalmente de reflexión y recogimiento de datos.
> b) Producción: El objetivo es crear ideas, casi todas las técnicas coinciden aquí en que la generación debe ser lo más libre posible, que en esta fase vale todo.
> c) Evaluación: Aquí hay que comparar los objetivos definidos con las ideas propuestas y ver si se ha encontrado una solución satisfactoria.
> d) Implantación de la idea aceptada, para lo cual se debe definir una estrategia adecuada.

Reglas

Fomentar la cantidad y no la calidad. El objetivo es conseguir cnatas más ideas mejor. Ya llegará el momento de filtrarlas o depurarlas. La cantidad lleva a la calidad.

Se deben tener en cuenta todas las ideas y a priori no se debe filtrar ni criticar ninguna por absurda que pueda parecer. Si criticamos las ideas estamos coartando a que las personas menos participativas sigan aportando.

Las ideas no tienen dueño. Son el resultado de un grupo pensante.

Scamper

Propone un listado de preguntas que nos ayuden a la adopción de decisiones (Bob Eberle).

> S: ¿Sustituir?
> C: ¿Combinar?
> A: ¿Adaptar?

> M: ¿Modificar?
> P: ¿Utilizarlo para otros usos?
> E: ¿Eliminar o reducir al mínimo?
> R: ¿Reordenar?=¿Invertir?

Por ejemplo, ante el posible dilema de retirar un producto del mercado, podríamos aplicar el método Scamper y formularnos las preguntas para encontrar, posiblemente, una solución alternativa antes que retirar el producto.

Método 635

6 personas, 3 ideas, 5 minutos para cada una.

El proceso es el siguiente. Se reúnen 6 personas y se les propone a cada una que formulen por escrito 3 ideas. Para ello disponen de 5 minutos.

Transcurrido el tiempo, cada persona entregará la hoja a su compañero y se repetirá el proceso, añadiendo 3 nuevas ideas a cada hoja.

Cuando se termine el ciclo de 6 intervenciones de 5 minutos, cada persona tendrá en su hoja 18 ideas y un total de 108 ideas en media hora. Por supuesto muchas de las ideas aportadas serán absurdas, repetidas y sin demasiado fundamento. Pero seguro que alguna será perfectamente válida.

6 sombreros para pensar (Edward de Bono, 1988)

Se trata de 6 sombreros imaginarios que cada participante debe ponerse o quitarse para indicar qué tipo de pensamiento está utilizando.

Los 6 tipos de sobreros representan diferentes estilos de pensamiento:

> • Sombrero blanco: Nos centramos en los datos disponibles

- Sombrero rojo: Utilizamos los sentimientos, la intuición y las emociones para analizar el problema.
- Sombrero negro: Utilizamos el juicio, la cautela y sobre todo el pensamiento crítico y resaltando todos los aspectos negativos.
- Sombrero amarillo: Pensaremos en positivo.
- Sombrero verde: Aplicamos la creatividad en la búsqueda de soluciones
- Sombrero azul: Resumimos y llegamos a conclusiones

La utilización de sombreros nos permite examinar los problemas desde diferentes perspectivas y puntos de vista. Esta técnica también se puede utilizar tanto individualmente como en grupo. Sí es importante que en el caso del grupo todos utilicen el mismo tipo de sombrero a la vez aunque podemos alterar el orden.

Clásica

J. W. Young (1982), propone que esta técnica se realice en 5 fases y que sigan minuciosamente el orden indicado no pudiendo saltarse ninguna de las etapas sin haber concluido la anterior.

1. RECOPILACIÓN DE LA MATERIA PRIMA o información relacionada con el problema.
 2. TRABAJO DE LAS IDEAS RECOPILADAS. Elaboración y reconstrucción de la información.
3. INCUBACIÓN INCONSCIENTE. Trabajar con la parte inconsciente y relajar la parte consciente (racional).
4. INSPIRACIÓN o surgimiento de la idea.
5. CONFIGURACIÓN FINAL Y DESARROLLO DE LA IDEA para su utilización práctica.

Smart

Se trata de un método útil para la determinación y fijación de objetivos.

Un objetivo cualquiera podemos definirlo aplicando las diferentes etapas del método, por ejemplo, si tenemos que adoptar una decisión después de un trabajo en equipo, se puede indicar mediante este sistema, procurando que sea:

> (S) Specific (Específico)
>
> (M) Measurable (Medible)
>
> (A) Achievable (Realizable o Alcanzable)
>
> (R) Realistic (Realista)
>
> (T) Time Related (Determinado en el tiempo)

Específico en cuanto a que esté perfectamente definido y acotado.

Medible (no podemos evaluar aquello que no podemos medir).

Realizable. Que con el empeño adecuado y los recursos necesarios sea posible realizarlo.

Realista. Que se pueda hacer.

Determinado en el tiempo. Que tenga unos plazos bien definidos y sean conocidos.

GESTIÓN DEL FRACASO

Es posible que habiendo aplicado algunas de las técnicas que aparecen en este libro no consiga los resultados que esperaba. Tal vez a eso lo llame fracaso.

Parece ser que todo está enfocado hacia el éxito y la palabra fracaso es un estigma difícil de eludir. "Eres un fracasado", o "has fracasado", son frases que a nadie le gustaría escuchar. Pero tenemos que convivir con la posibilidad de fracasar y para eso, seguramente no nos han entrenado. La televisión, el cine y algunos libros, nos venden continuamente la idea del éxito fácil incluso con poco esfuerzo. Nos dicen que no podemos fracasar. Pero la realidad es bien distinta. El "adelgace x kilos en 2 semanas" o "aprenda francés en 1 mes" se suele convertir en adelgazar la cartera y decidir que no va a aprender francés en la vida.

El fracaso es ineludible pero no es tan malo como parece si sabemos aceptarlo.

El fracaso no siempre va a ser culpa de usted. Con esto no quiero decir que hay que excusarse en terceros pero a veces es así.

Conviene analizar en cada caso cuales han sido los motivos del fracaso. Quizás la meta era inicialmente inalcanzable, no hemos medido correctamente nuestras verdaderas posibilidades, etc..

Es curioso observar cómo en algunos programas de televisión en los que realizan castings para elegir a concursantes cantantes o bailarines, algunas personas, que ni saben cantar ni bailar, creen que sí lo saben hacer y además creen que son los mejores. Ese problema de percepción de la realidad es bastante común. Una cosa es que yo crea que puedo cantar y otra que soy mejor que Pavarotti, cuando la verdad, es que suelen echarme de la mayoría de Karaokes.

En el otro extremo tendríamos a los perfeccionistas. Personas que desean mejorar continuamente y que todo lo que hacen lo ven insuficiente. Es el típico alumno al que en un examen le pones un 9,8 y vendrá a quejarse. O la persona que canta estupendamente y aún cree que lo hace mal.

La historia está plagada de personas que han fracasado una y otra vez y aun así han conseguido alcanzar su meta.

Eisntein suspendió matemáticas, Ford estaba arruinado con 40 años, Lincoln es un ejemplo de fracaso tras fracaso,

El fracaso es un paso más hacia la perfección ya que, sobre todo, nos proporciona experiencia. Y la experiencia de hoy, es algo que no teníamos ayer. El error tiene una relación directa con la novedad. Si no lo hemos probado antes, es posible que surja el error. Por lo tanto, la experiencia nos permite avanzar y evitar errores que ya hemos cometido. Si sabemos analizar el fracaso, nos dará pistas sobre cómo tenemos que actuar para alcanzar la meta. Cada fracaso es un nuevo paso hacia el objetivo. Alva Edison, parcialmente sordo, con problemas escolares y malas notas, incluso fue expulsado de la escuela ya que su profesor lo consideraba retrasado, decía que "Las personas no son recordadas por el número de veces que fracasan, sino por el número de veces que tienen éxito".

A veces, las cosas no se consiguen a la primera y deben atravesar todo un proceso de fracasos y errores. Si nos quedáramos a mitad de camino solo veríamos los fracasos. Si aprendemos de ellos y continuamos es posible que encontremos el éxito.

Pero el fracaso, como el error, debe de ser estudiado. Podemos llamar fracaso a lo que ha sido un descuido o una dejadez por parte de un empleado y que ha desembocado en el fracaso final. Del fracaso se debe aprender para mejorar.

En caso de "fracaso" piense; ¿Qué es lo peor que puede pasar? ¿Qué puedo hacer para que no suceda? Cuando algo ha sucedido, tal vez sea demasiado tarde para lamentarlo pero no para amortiguar su efecto. El fracaso debería formar parte de la cultura de empresa. Si usted verdaderamente desea que sus empleados inventen o sean creativos debe tener una cierta tolerancia al fracaso y al error. Las personas no son creativas si saben que detrás se encuentra un jefe que les amenaza. Irán sobre seguro pero no aportarán ninguna novedad.
Si cree en el fracaso probablemente fracasará. Si piensa en el éxito probablemente lo alcanzará. Solemos conseguir aquello para lo que programamos nuestro cerebro. El fracaso es solo un resultado. Un suspenso en una asignatura puede ser un fracaso o un resultado. Depende del prisma con el que lo mire.

La percepción que podemos tener del fracaso también puede ser errónea. Imagine a una actriz que ha sido nominada a los Oscars y no consigue la famosa estatuilla. Puede ser que los medios de comunicación digan que ha fracasado, incluso la propia actriz podría tener esa percepción. Sin embargo más de una persona desearía estar en su lugar y pensaría que estar nominada es cualquier cosa menos un fracaso.

Toda nuestra vida está condicionada por nuestros pensamientos. Estos son los que determinarán qué seremos y cómo será nuestra existencia. Si usted es capaz de gobernar sus propios pensamientos, dirigirá su vida.

El fracaso tiene que ver con esta forma de pensar. Si usted está preocupado por el pasado y por los fracasos anteriores no será capaz de vivenciar una vida exitosa porque estará demasiado ocupado en tener pensamientos negativos.

Si percibimos una experiencia como fracaso solo conseguiremos preocuparnos innecesariamente, tener insomnio, estar estresados, problemas estomacales y demás cosas por el estilo. Cuando nos enfadamos innecesariamente nos estamos inyectando pequeñas dosis de veneno. Este veneno puede acabar con nosotros.

Lo más importante del fracaso el aprender de él. Esta es la lección más elemental que puede proporcionarnos. El éxito no se percibe tan bien si no hemos tenido algún que otro fracaso para conseguirlo. Probablemente la penicilina se debe a un error. Fleming estaba cultivando Staphylococcus aureus en una placa de petri, pero por un error al no cubrirla adecuadamente, la muestra se contaminó con un hongo denominado penicillium notatum. Se requiere mucho talento para convertir el fracaso o el error en éxito.

El fracaso también tiene que ver con nuestra capacidad de esfuerzo. Si no nos esforzamos en conseguir llegar a la meta será el fracaso quien nos alcance. Para algunos, la palabra esfuerzo tiene connotaciones negativas, para otros lo es todo. Dígale a un/a estudiante que tiene que esforzarse más y lo relacionará con trabajar más.

¿Es posible que Einstein suspendiera en el colegio por falta de esfuerzo o por falta de capacidad?

Vivimos en una sociedad donde continuamente nos venden que podemos conseguir cualquier cosa sin esfuerzo. Algunos han llegado a creérselo y así les va. El esfuerzo es un valor y tenemos que potenciarlo como tal. Difícilmente conseguiremos altas metas sin una dosis adecuada de esfuerzo y a veces de sacrificio. El éxito sabe mejor cuando se ha alcanzado con esfuerzo y el éxito reside en luchar.

Hay una diferencia notable entre fracasar y ser un fracasado. El fracasado es aquel que no lucha y que no se esfuerza por alcanzar una meta.

En mi experiencia durante años como profesor he podido comprobarlo en infinidad de ocasiones. He tenido alumnos y alumnas de todos los tipos y colores.

He conocido a personas muy inteligentes y con una excelente formación pero con escasa capacidad de esfuerzo y también todo lo contrario. Personas con escasa formación pero con una capacidad de esfuerzo tremenda. En general, estas personas han alcanzado niveles muy superiores a los primeros.

Hace años tuve a una alumna en un curso de secretariado de un año de duración. Podríamos decir que tenía un cociente de inteligencia por debajo de lo normal.

Era, sin duda alguna, la persona a la que más le costaba asimilar los contenidos de clase.

Sin embargo tenía una capacidad de esfuerzo realmente notable.

El curso acababa a las 13 horas y la escuela no cerraba al mediodía ya que era cuando venía el equipo de limpieza. Esta persona me pidió en una ocasión si podía quedarse a partir de la una en la biblioteca para estudiar. Desde ese día, solía quedarse casi siempre y si no podía venía por la tarde. El caso es que casi siempre solía "encontrarse" con alguno de sus profesores/as a los/as que formulaba sus dudas. Ninguno nos negábamos a contestarle o atenderla porque conocíamos lo que estaba haciendo.

A base de mucho esfuerzo y dedicación por su parte, acabó el curso con notas muy superiores a la media de su clase.

Hace poco, tuvimos a un alumno realizando un curso de 300 horas de informática en nuestra escuela. Este alumno tenía su brazo derecho paralizado completamente y algunas secuelas cerebrales con motivo de un accidente de circulación que tuvo hace 8 años.

Le costaba caminar y expresarse, pero tenía una voluntad de hierro. El promedio de faltas de asistencia por parte de sus compañeros/as rondaba el 15%. Él no faltó ni una sola vez hiciera frío, calor o lloviera y además, siempre era el primero en llegar.

Podía realizar los mismos trabajos que los demás compañeros pero a una velocidad diferente, pero en cuanto al producto o ejercicio acabado era igual o superior a los demás.

La actitud y el esfuerzo lo es todo. Pero también es interesante contemplar cómo nosotros mismos interpretamos lo que nos rodea.

Mi primer trabajo, a los 18 años, fue en una fábrica. El trabajo era muy duro y las condiciones difíciles. Mi primera jornada de trabajo fue en el turno de noche.

Me asignaron a una máquina en la que debía, de forma repetitiva y durante las 8 horas, cargar los productos que salían de la misma y colocarlos en "jaulas" transportadoras. El peso era de unos 10 kg y cargaba unos 2 o 3 por minuto.

Es decir, que en una hora podía realizar el mismo movimiento de carga unas 150 veces y mover unos 10.000 kilos en 8 horas.

La primera noche de trabajo el oficial responsable de la máquina ni me dirigió la palabra. Así estuvimos 2 o 3 semanas. Él llevaba haciendo el mismo trabajo rutinario unos 20 años. Lo hacía bien y estaba completamente resignado. Llegaba, fichaba, hacía su trabajo y se marchaba. Su vida me parecía triste. Por muy interesante que pudiera ser su vida fuera de la jornada laboral, me parecía que cada día desaprovechaba 8 horas.

Tuve la posibilidad de trabajar en otras secciones y departamentos en la misma fábrica. En todos los casos, el trabajo era similar. Sin embargo, en ese ambiente de trabajo pude conocer a personas muy particulares y que en su momento, no entendía cómo podían ser así.

Por ejemplo, un empleado que trabajaba en un horno y cuyo trabajo era abastecerlo continuamente de material. También realizaba un trabajo repetitivo y constante. Pues a esta persona le encantaba cantar. Estaba solo y se pasaba las horas cantando sin cesar. Se divertía.

Otro empleado que era un deportista nato. También realizaba un trabajo de peso. Aprovechaba todos los trabajos pesados para fortalecer sus músculos y mientras más pesado fuera el trabajo, mejor para él. Acababa su jornada y se iba al gimnasio.

En una ocasión me asignaron a una máquina. El oficial era la persona más pintoresca que he conocido. El primer día que me asignaron a su equipo, se pasó las 8 horas contándome chistes, anécdotas, cantando y hasta bailando. En esa máquina yo tenía que realizar un trabajo muy monótono cargando productos en unas cajas. Estaba en una cadena y el trabajo lo podía hacer sentado, pero al tratarse del turno de noche había muchas posibilidades que el sueño pudiera conmigo. Él ya lo sabía y por eso hizo lo que hizo.
Las 5 personas que formaban su equipo eran igual de pintorescas. Pasé de odiar mi trabajo a desear ir a trabajar. El ambiente en el grupo era maravilloso. Cada día sucedía algo diferente. Nos los pasábamos bien, cumplíamos con nuestro trabajo y además nos divertíamos.

En cuanto a los encargados o jefes sucedía algo parecido. Cada semana solían cambiarnos de encargado. Teníamos a un encargado al que yo temía desde que llegué. Era una persona autocrática y muy exigente y de malos modales. Los compañeros de mi equipo me enseñaron como "torearlo". Mientras nos abroncaba por cualquier cosa, mi oficial ponía cara de pánico y de miedo, pedía perdón y esas cosas, decía que sí a todo y cuando se marchaba el encargado hacía lo que le daba la gana. Es evidente que la producción y calidad con ese encargado era pésima. Por eso era una situación cíclica, la pescadilla que se muerde la cola; como la producción era mala, el encargado se enfadaba y abroncaba a los demás, situación que provocaba que la producción fuera mala y por lo tanto que el encargado se enfadara, y así una y otra vez.

Sin embargo teníamos a otro encargado que también era del "club de la comedia". Cada noche venía a saludarnos, nos asignaba trabajo, nos contaba un par de chistes y se marchaba. Como no era muy normal verle enfadado, cuando lo hacía sentíamos que algo malo habíamos hecho y hacíamos todo lo posible para solucionarlo. Con él, el trabajo era más fácil, teníamos un mejor ambiente y la producción y calidad era más alta.

Durante los 15 meses que pasé en la empresa solo pude ver en un par de ocasiones a algún directivo pasear por la planta. Estas ocasiones solían coincidir con algún problema grave.

Aprendí muchas lecciones como que, tarde o temprano los empleados acaban viéndote el truco. Puedes parecer muy listo pero si no respetas al grupo, éstos pueden acabar boicoteando tu trabajo sin que te des cuenta.

Otra lección importantísima es que la actitud lo es todo. Puedes tener el peor de los trabajos pero si tu actitud es positiva lo es todo. Estas personas me enseñaron mucho.

La empresa puede comprar mi tiempo pero no decide con qué actitud me levanto por la mañana. Esa decisión es mía.

Evidentemente, me dirá que el entorno influye y también los compañeros y los jefes. De acuerdo, pero con la información que usted capta del entorno, decide qué quiere hacer. Observe que en numerosos lugares en los que viven niños en la miseria más absoluta, en muchos casos su cara es de felicidad. Agradecen cualquier cosa y han aprendido a convivir con ese entorno. La decisión está en nuestra cabeza y no en el entorno ni en los compañeros. Existen bastantes ejemplos que demuestran esto. Personas que han estado secuestradas o en prisión. Podían hacer dos cosas; rendirse ante la evidencia y por lo tanto deprimirse y no hacer nada o asumir el problema y analizarlo desde una perspectiva diferente. Pueden retenerle pero difícilmente podrán robarle sus recuerdos o su experiencia y su forma de pensar. Mientras dirija su "cabeza" usted tendrá el control.

Ideas irracionales. Según Albert Ellis.

Existe una relación entre Pensamientos-Emociones y Conducta. Esta relación significa que nuestros pensamientos pueden provocar emociones y estas se traducen en conductas.

Albert Ellis, creador de la Terapia Racional Emotiva (TRE) propone que si somos capaces de modificar nuestros pensamientos, modificaremos nuestras emociones y en consecuencia la conducta. Muchos de nuestros pensamientos se deben a ideas irracionales y que son el origen de una cadena de errores que nos llevará a conductas no deseadas.

Lo que propone Ellis es identificar algunas de estas ideas irracionales:

Ideas irracionales:

- El ser humano tiene una necesidad extrema de ser amado y aprobado por cada persona significativa de su entorno.
- Si me quiero considerar como una persona válida tengo que ser muy competente y capaz de conseguir cualquier cosa que me proponga.
- Las personas que no actúan como deberían son malvadas y tendrían que ser castigadas.
- Es terrible que las cosas no funcionen como a mí me gustaría
- Las desgracias están provocadas por circunstancias externas y la gente no tiene capacidad para controlar sus emociones.
- Si algo puede salir mal o ser peligroso tengo que pensar continuamente en ello para estar preparado o evitar que suceda.
- Es más fácil evitar dificultades en la vida que hacerles frente. Así vivo más tranquilo.
- Necesito alguien más fuerte que yo en quien confiar.
- Lo que me ocurrió en el pasado volverá a afectarme siempre.

- Tengo que sentirme preocupado por los problemas de los demás,
- Seguro que existe una solución para cada problema y tengo que encontrarla.

Básicamente estas ideas irracionales podrían resumirse en tres:

- Sobre uno/a mismo/a: Tengo que hacer las cosas bien para ser querido y aceptado por los demás.
- Sobre otras personas: Las personas tienes que estimarme y ser siempre buenas conmigo.
- Sobre la vida: Las personas consiguen lo que quieren siempre que trabajen para lograrlo. Quien no lo consigue es porque no se esforzó.

Estas ideas a diferencias de las racionales son dogmáticas y absolutas del tipo "siempre", "tengo que..", "necesito que..", "todo, nada..". Mientras que las ideas racionales suelen expresar preferencias o deseos, "me gustaría", "tal vez", "es posible..".

En este punto del libro debería plantearse si algunas de sus ideas son irracionales. Para ello puede utilizar esta tabla:

Creencia irracional	¿Por qué es irracional?	¿Qué alternativas existen?

De esta forma estará reevaluando sus pensamientos y reformularlos en términos más adaptativos para usted y su entorno. Sus pensamientos no solo influyen en usted. Debido a que sus pensamientos están ligados con sus emociones y con su conducta, también afectan a los demás.

LA FELICIDAD

Quizás se pregunte el por qué un capítulo sobre la felicidad en un libro sobre dirección de equipos. Está en su derecho, pero déjeme explicarle el motivo haciéndole una pregunta ¿Es usted una persona completamente feliz? Si la respuesta es afirmativa no necesita leer este capítulo. Pero si la respuesta es negativa o éste es el primer capítulo que lee del libro, le convendrá su lectura.

La razón por la que he incluido este capítulo es bien simple; si usted no es mínimamente feliz, difícilmente podrá hacer feliz a su equipo, irradiarles entusiasmo y marcarles un camino para que le sigan. Así pues, necesito que usted sea feliz.

Según Veenhoven (1991) las personas felices suelen tener mejores habilidades sociales. Koopmans et al.(1987), estudiaron los motivos por los que 230 empresas habían aceptado o rechazado a candidatos.

Alrededor de un 40% de las empresas adoptaron la decisión en función del aspecto general y de la impresión general. Si la felicidad de un candidato puede ser visible durante la entrevista de selección, está claro que puede llegar a influir en la decisión de contratarle. Es evidente que cualquier empresa se decantará por una persona aparentemente feliz que por alguien con aspecto depresivo, por si acaso.

Muchas veces el nivel de satisfacción o de felicidad se mide en comparación con los demás. Si mi nivel de ingresos aumenta pero disminuye el de mis vecinos aumentará mi satisfacción y si aumenta el nivel de ingresos de los demás y el mío no, disminuirá mi felicidad.

> *"Una casa puede ser grande o pequeña; mientras que las casas de los alrededores sean igualmente pequeñas, esta satisface todas las demandas sociales para una vivienda. Pero si se alza un palacio justo al lado de la casa pequeña, esta se reduce a una cabaña"* (Rozdolski, R. (1978). Génesis y estructura de El Capital de Marx. Siglo XXI.).

Existen estudios contradictorios sobre si el dinero da la felicidad. En cualquier caso, lo que sí está claro es que las personas que acumulan dinero suelen obtenerlo a cambio de sacrificar aspectos de su vida personal y familiar, amistades, salud, relaciones sociales, etc.. Las personas suelen adaptarse a cualquier nivel de ingresos y establecen patrones de comparación para determinar su nivel de felicidad. Así, si un individuo tiene unos ingresos muy elevados, también aumentará su nivel de exigencia o de deseo de nuevos productos o posesiones. Las aspiraciones aumentan a la vez que las ganancias.

Otros estudios demuestran que las personas más ricas suelen ser algo más felices que las personas más pobres (p.ej: Larson, 1978). Sin embargo, el aumento del nivel de felicidad no es proporcional con el de los ingresos. Es decir, que en una escala de 10 puntos, la diferencia entre la felicidad de una persona rica y una pobre puede ser de uno o dos puntos.

La compra de un nuevo vehículo puede aumentar mi nivel de felicidad, sin duda. Pero ¿durante cuánto tiempo? ¿Cuánto tardará el coche en aportarme un aumento en mi patrón de felicidad? Son muchas las cosas que pueden aportarnos felicidad sin embargo su efecto suele ser poco duradero.

La felicidad personal (bienestar subjetivo) es un sentimiento emocional básico de bienestar y sirve para medir lo satisfecha que una persona está con su situación y su vida.

La mayoría de cosas que pueden aportar felicidad no se compran con dinero, como la satisfacción personal, el orgullo por un trabajo bien realizado, la amistad, la familia, etc.. Una vida familiar satisfactoria es uno de los factores que contribuyen en mayor medida al bienestar del individuo.

Según un estudio realizado, el número de amigos que un individuo posee es mejor indicador de bienestar que su nivel de sus ingresos.

Por ejemplo, Timothy Sharp, psicólogo clínico y Jefe del Instituto de la Felicidad de Australia, señala algunos componentes de la felicidad:

- Claridad. Tener los objetivos claros.
- Llevar una vida saludable (ejercicio, alimentación, sueño..)

- Optimismo. Pensamiento positivo pero realista.
- Centrarse en nuestras fortalezas y no en nuestras debilidades.
- Aprovechar el presente

Un grupo de investigadores de la **Universidad de Michigan**, sugieren que las personas enfermas se adaptan a su estado y manifiestan una actitud positiva y un espíritu de superación que las personas sanas no suelen presuponer, según publica la propia universidad en el **Journal of Experimental Psychology.**

Otros estudios han demostrado que hacer bromas en el trabajo contribuye a establecer lazos entre los compañeros y a reforzar el grado de unión y cohesión. De esta manera, cuando los grupos se encuentran cohesionados también suele aumentar el nivel de satisfacción y de motivación.

La felicidad debería de ser un indicador que tuvieran en cuenta las organizaciones y la sociedad en general.

El prestigioso psicólogo Martin Seligman (2004), escribió su famosa ecuación de la felicidad:

$$F = R + C + V$$

Donde F= Nivel de felicidad duradera
R= Su rango fijo
C= Circunstancias de su vida
V= Su voluntad

El rango fijo suele estar representado por las barreras que nos impiden ser felices. Pero otra barrera es que las personas nos acostumbramos rápidamente a lo bueno y dejamos de valorarlo por lo que continuamente seguimos buscando un mayor nivel de satisfacción. Si no valora lo que tiene, en el futuro tampoco valorará lo que tendrá.

Las circunstancias de la vida o en concreto, de su vida, suelen ser el entorno en el que vive, su trabajo, familia, pareja..

Y la voluntad es la decisión de ejecutar cambios en su vida que modifiquen las circunstancias siendo usted una parte activa del proceso. De lo contrario, serán las circunstancias las que determinen su nivel de felicidad.

Seligman realizó un estudio para medir la relación entre optimismo y desempeño. Entregó un cuestionario a unos vendedores de seguros para medir su nivel de optimismo. Encontró que los vendedores con mayores niveles de optimismo vendían un 37% más que los pesimistas y los vendedores que estaban en el 10% de mayor porcentaje de optimismo vendieron un 88% más que los que estaban entre el 10% de los más pesimistas.

La felicidad está relacionada con la sociabilidad y la extroversión. Por norma general, las personas más sociables suelen ser más felices. Pero también podemos afirmar que las personas más felices tienen una mayor autoestima, se aceptan como son y tienen la impresión de estar al mando de su vida.

Si usted no se percibe así mismo como el capitán del barco, tampoco podrá ser el artífice de cambios que afecten a su felicidad. Las personas más felices suelen tener el control y afrontan con más eficacia el estrés, son más optimistas y más productivos.

Pero no nos engañemos. No se trata de estar continuamente felices. La vida tiene matices. Y los seres humanos también. En ocasiones podemos estar tristes y en otras ocasiones estar alegres. Lo importante es cómo reaccionamos a los acontecimientos y hasta qué punto somos nosotros quienes manejamos nuestras emociones.

En el preciso momento en el que usted sea consciente de que tiene un cierto control sobre su vida, su nivel de felicidad aumentará.

Bibliografía

Adams, S. (1963). *Teoría de la Equidad. .* Nueva York: General Electric Co.

Amabile, T. M. (1985). Motivation and creativity: Effects of motivational orientation on creative writers. *Journal of personality and social psychology, 48(2)*, 393.

Asch, S. E. (1955). Opinions and social pressure. *Readings about the social animal, 193*, 17-26.

Bates, R. A., Hatcher, T., Holton III, E. F., & Chalofsky, N. (2001). Redefining human resource development: An integration of the learning, performance, and spirituality of work perspectives. *Proceedings of the Annual AHRD Conference, Tulsa,*, Vol.28.

Benne, K. D., & Sheats, P. . (1948). Functional roles of group members. *Journal of social issues, 4(2)*, 41-49.

Bennis, W. (1990). *Cómo llegar a ser líder.* Bogotá: Norma Editorial.

Berne, E. (1953). Concerning the Nature of Communication. *Psychiatric Quarterly, 27*, 185-198.

Blake, R. R., & Mouton, J. S. (1981). Management by Grid® principles or situationalism: Which? *Group & Organization Management, 6(4)*, 439-455.

Boterf, G. L. (1991). *Cómo invertir en formación.* Barcelona: EADA Gestión.

Brett, J., Behfar, K., & Kern, M. C. (2009). Managing multicultural teams. . *The Essential Guide to Leadership, 85.*

Busch, H. (1989). *Así fue la guerra submarina.* Barcelona: Juventud.

Campos, T. (2013). Un modelo de programa para la formación de profesionales en el campo del Desarrollo de Recursos Humanos (DRH) en Venezuela. . *Revista sobre Relaciones Industriales y Laborales, (43).*

Chiavenato, I. (1993). *Iniciación a la Organización y el Control.* McGraw-Hill.

Conger, J. A., & Kanungo, R. N. . (1988). The empowerment process: Integrating theory and practice. . *Academy of management review, 13(3)*, 471-482.

Damasio. (1998). *El error de Descartes.* Barcelona: Editorial Crítica.

Davis, K. y. (1991). *Comportamiento humano en el trabajo.* México: McGrawHill.

De Forestier, G. (1995). *Queridos mallorquines: claves del trato personal en la isla de Mallorca.* José J. de Olañeta, Editor.

Deemer, C., & Fredericks, N. . (2003). *Dancing on the Glass Ceiling: Tap Into Your True Strengths, Activate Your Vision, and Get what You Really Want Out of Your Career.* McGraw Hill Professional.

Dessler, G. (1988). *Personnel management.* Englewood Cliffs: Prentice Hall.

DiStefano, J. J., & Maznevski, M. L. (2000). Creating value with diverse teams in global management. *Organizational Dynamics, 29(1),* 45-63.

Ekman, P. (2011). *Cómo detectar mentiras.* Madrid: Paidós.

Fayol, H. T. (1985). *Administración Industrial y General. Principios de Administración científica.* Buenos Aires: Editorial Hyspamérica.

Fernández Ríos, M. y. (1997). *Valoración de puestos de trabajo.* Madrid: Díaz de Santos.

Fuller, J. (2007). *Batallas decisivas I.* Barcelona: RBA Editores.

Garavan, Th. N., O'Donnell, D., McGuire, D., i Watson, S. . (2007). Garavan, Th. N., O'Donnell, D., McGuire, D., i Watson, S. (2007). Exploring Perspectives on Human Resource Development: An Introduction. . *Advances in Developing Human Resources, 9 (1),* 3-10.

Giuliani, R. W. (2002). *Liderazgo.* Plaza & Janés.

Goffman, E. (1959/1971). *La presentación del yo en la vida cotidiana.* Buenos Aires: Amorrortu.

Goleman, D. (2012). *Inteligencia emocional.* Editorial Kairós.

Grimwood, C., Phillipson, J., & Popplestone, R. . (1993). *Women, management, and care.* Macmillan.

Hamner, W. C., & Tosi, H. L. (1974). Relationship of role conflict and role ambiguity to job involvement measures. *Journal of Applied Psychology, 59(4),* 497.

Haslam, S. A., & Reicher, S. (2003). Beyond Stanford: Questioning a role-based explanation of tyranny. *Dialogue, 18,,* 22-25.

Helgesen, S. (2011). *The female advantage.* Crown Business.

Herrera Gómez, M. (2004). La teoría de la acción social en Erving Goffman. . *Papers, 73, (59-79).,* (59-79).

Herzberg, F., Mausner, B., & Snyderman, B. B. . (2011). *The motivation to work (Vol. 1).* Transaction publishers.

Jacobsen, C., & House, R. J. . (2001). Dynamics of charismatic leadership: A process theory, simulation model, and tests. . *The Leadership Quarterly, 12(1)*, 75-112.

Katzenbach, J. R., & Smith, D. K. . (1995). *Sabiduría de los equipos: El desarrollo de la organización de alto rendimiento.* Ediciones Díaz de Santos.

Kuchinke, K. P. (2000). Debates over the nature of HRD: an institutional theory perspective. . *Human Resource Development International, 3(3)*, 279-283.

Lanham, E. (1962). *Valuación de puestos. Bases objetivas para fijar escalas de salarios.* México, DF: CECSA.

Lasswell, H. D. (1985). *Estructura y función de la comunicación en la sociedad. Sociología de la Comunicación de masas. II Estructura, funciones y efectos. .* Barcelona.: Gustavo Gili.

Latimer, J. (2002). *Alamein.* Harvard University Press.

Leavitt, H. (1951). Some effects of certain communication patterns on group performance. . *Journal of Abnormal and Social Psychology, 46*, 38-50.

León, M. (1999). *Elementos de psicología social.* México.: Editorial Limusa.

Lewin, K., & Lippitt, R. . (1938). An experimental approach to the study of autocracy and democracy: A preliminary note. *Sociometry, 1(3/4)*, 292-300.

Lissarrague, S. (1999). *Bosquejo de teoría social.* Madrid: Tecnos.

Litwin, G. y Stringer, R. . (1968). *Motivation and Organizational Climate.* Boston: Harvard.

Maslow, A. H. (1991). *Motivación y personalidad.* Ediciones Díaz de Santos.

McClelland, D. C. (1989). *Estudio de la motivación humana (Vol. 52).* Narcea Ediciones.

Mertens, L. (1996). *Competencia laboral, sistemas, surgimiento y modelos.* Montevideo: Cinterfor.

Mommsen, T. (1854). *Historia de Roma.* Editorial Turner.

Neillands, R. (2005). *El octavo ejército: del desierto a los Alpes, 1939-1945.* Editorial Inédita.

Ouchi, W. G. (1981). *Theory Z reading. MA: Addison Wesley, 577-594.* Addison Wesley.

Páez Díaz, L. (2001). *La teoría sociológica de Max Weber.* México: UNAM.

Parker, M. (2005). *Monte Cassino: The Hardest Fought Battle of World War II.* Anchor Books.

Payeras, J. (2004). *Coaching y liderazgo.* Díaz de Santos.

Peiró, J. M. (1992). *Psicología de las Organizaciones*. Madrid: UNED.

Peiró, J. M., & Romá, V. G. (1993). *Círculos de calidad*. Eudema.

Perkins, D. N. (1993). *La creatividad y su desarrollo: Una aproximación disposicional. En Beltrán, Bermejo, Prieto y Vence. (1993)*. Madrid: Pirámide. .

Pratt, S. C. (1896)). *A Précis of Modern Tactics*. HM Stationery Office.

Prieto, J. M. (1994). *La intervención psicológica en formación de personal. En J. M. Peiró y J. Ramos (Eds.). Intervención psicosocial en las organizaciones*. Barcelona: PPU.

Puchol, L. (1993). *Formación y desarrollo (F + D). En L. Puchol. Dirección y gestión de RRHH. .* Madrid: ESIC. .

Rozdolski, R. (1978). *Génesis y estructura de El Capital de Marx*. Siglo XXI.

Schuler, R.S. y Huber, V.L. . (1990). *Personnel and human resource management*. West Publishing Company.

Seligman, M. E. (2004). *Authentic happiness: Using the new positive psychology to realize your potential for lasting fulfillment*. Simon and Schuster.

Sisto Campos, V. (2004). Sisto Campos, V. (2004). Teoría(s) organizacional(es) postmoderna(s) y la gestación del sujeto postmoderno. Tesis doctoral. . Universitat Autònoma de Barcelona.

Tannenbaum, R., & Schmidt, W. H. . (1973). *How to choose a leadership pattern* . Boston, MA: Harvard Business Review.

Urcola Tellería, J. (1999). *Dirigir personas en tiempos de cambio*. Escuela Superior de Gestión Comercial y Marketing, ESIC.

Urcola Tellería, J. L. (2003). *Dirigir personas: fondo y formas*. ESIC Editorial.

Veenhoven, R. (1991). *Conditions of happiness*. Netherlands: Kluwer Academic.

Vroom, V. H. (1966). Organizational choice: A study of pre-and postdecision processes. *Organizational behavior and human performance, 1(2)*, 212-225.

Vroom, V. H., & Yetton, P. W. (1973). *Leadership and decision-making (Vol. 110)*. University of Pittsburgh Press.

Watzlawick, Paul; Bavelas, Janet Beavin; Jackson, Don D. . (1991). *Teoría de la comunicació humana. Interacciones, patologías y paradojas*. Editoral Herder.

Williams, A. (2002). *Cómo superarse a sí mismo*. Editorial Random House Mondadori.

Wirth, L. (2002). *Romper el techo de cristal: las mujeres en puestos de dirección.* Ministerio de Trabajo e inmigración.

Young, J. W., Bernbach, W., & Bravo, J. (1982). *Una técnica para producir ideas. Eresma.* Eresma.

Zeus, P., & Skiffington, S. . (2002). *Guía completa de coaching en el trabajo.* McGraw-Hill.